葉隠 超入門

市川スガノ

草思社文庫

葉隠　超入門◉目次

第3章 気力の出し方、自信の育て方……73

第4章 外見の飾り方、内心のあらわし方……111

第7章　生きることの意味は自分で定義する！……181

＊テキストについては岩波文庫に従い、
各条には何巻の何条目かを（〇ノ〇〇）という形で示しました。
また、現代語訳については、主に『日本の名著17　葉隠』（中央公論社）を
参考にさせていただきました。

まえがき

『葉隠』という本は、江戸前期を佐賀で生きた鍋島藩士で、そのときは里に引っ込んで出家していた山本常朝《やまもとじょうちょう》の話を、田代陣基《たしろつらもと》という後輩の武士がまとめたもので、いわゆる武士道について説いた古典として知られています。

この『葉隠』、あまり評判のいい本ではありません。「武士道とは死ぬことと見付けたり」という物騒なキャッチ。先の大戦中は戦意高揚のための推薦図書。そして市ケ谷駐屯地で切腹した三島由紀夫の愛読書。一部では、カミカゼアタック的精神を人にすすめる危険図書のようにも言われます。

著者がこの本を手にとったのは高校生のとき、中央公論社「日本の名著」シリーズの抄訳『葉隠』でした。

正直言えば、そして不謹慎ではありますが、著者もカミカゼアタック的な内容を期待して買ったのです。というのも、当時著者は、ある武術を習いはじめたのですが、人と殴り合うのがおっかなくてしかたがなく、こういう過激な本でも読んで勇気をもらおうかと思ったのです。

読みはじめてすぐに違和感を覚えました。

その違和感の原因については本文で詳しく書いていますが、とにかくそんな単純な本ではない。

人生哲学、人づきあいのコツ、会話術、恋愛論、ファッションについての記述、英雄たちのエピソード、そして無名人たちのエピソード。よく言えば多彩な、悪く言えばごった煮な内容なのです。

しかし、期待したような素朴な内容ではありませんでしたが、以後、この本は著者の座右の書となりました。「死ぬことと見付けたり」というエキセントリックな外見と、読んで親しめば不思議に細やかな内容。（こんな言い方は怒られるかもしれませんが）いまで言う「ツンデレ」の魅力にやられたのかもしれません。

『葉隠』はよく、内容に矛盾が多いとか、雑駁《ざっぱく》すぎて統一感に欠けると言われます。しかし、それは多様な読み方を許すということでもあります。

読む人によって、正反対のメッセージを受けとることができてしまうのが、この『葉隠』という本の懐の深さなのです。著者は同意しませんが、死をすすめる本として読むことだってできるでしょう。
しかし、考えなくてはいけないのが、作者である常朝は無謀なことをして死んだりはしていないということです。それどころか、里に引っ込みちゃんと天寿を全うしているのです。

本書では、『葉隠』を徹底的に「生きる」ための本として読みます。そして、充実した人生を送るためのヒントを引き出していきます。

常朝の狂おしいほど情熱的な人生哲学を一緒に見ていきましょう。

本書を読み終わったとき、『葉隠』があなたの座右の書となることを願ってやみません。

二〇一一年五月

市川スガノ

第1章

あの人生ではなく、この人生を

1 『葉隠』のための弁明

まずはあのフレーズから……

〈武士道といふは死ぬことと見付けたり〉

『葉隠』の有名な一節です。『葉隠』を知らなくても、このフレーズは知っているという人は多いのではないでしょうか。

もう一度見てみましょう。

〈武士道といふは死ぬことと見付けたり〉

カッコイイですね。

いや、カッコよすぎるのかもしれません。言い換えれば、あまりにキャッチコピーとしてキマりすぎている。とくに男性ならば、一度は口にしたい誘惑に駆られるでしょう（どこまで本気かはともかく）。

そして、あまりにキマりすぎたこのキャッチこそ、人を『葉隠』という書物から遠ざける原因ともなっています。ここで、『葉隠』のこの一節を聞いた人のその後の反応について、二つのパターンを見てみましょう。

パターン1……「武士道といふは死ぬことと見付けたり」→「なんかこわい」→「読みたくない」

パターン2……「武士道といふは死ぬことと見付けたり」→「カッコいい。読んでみよう」→「なんか思ってたのと違うなあ」→「もういいや」

おおまかにこの二つの経路をたどって、人は『葉隠』を捨てるわけです。しかし、これは非常にもったいないことだと本書は力説したい。

パターン1についての弁明

まず、『葉隠』は実際に読んでみれば、別に思ったほど「こわい本」でもないのです。たとえば、『葉隠』のなかには、他人の欠点について忠告をする場合のコツとして、以下のようなことが書いてあります。

（他人への）意見というのは、まずその人が受け入れてくれるかくれないか、その気質を十分に見抜いて、それから親しい関係をつくり、こちらの言葉を信頼するように仕向けておいて、その人の好む話題をきっかけにするなど、話し方もいろいろと工夫し、言うタイミングも考え、手紙を出したり別れのあいさつをするときなどに、自分の失敗や欠点を語ることで、それと言わないでも思いあたるようにする。もしくは、まずその人の善い点を誉めておいて、相手に元気が出るよう気を配り、喉が渇いているとき水を飲むように、自然と受け入れさせる。こうして欠点が直るのが本当の意見というものだ。（一ノ一四）

どうですか、この気の使い方は。

「武士道といふは死ぬことと見付けたり」なんて言うぐらいだから、忠告の仕方だって後先のことなど考えず、「お主のここことここが欠点じゃ、改められい！　改めぬなら拙者腹をば、かっさばいて……」ぐらいのことは言いそうですよね。

しかし、それは言わない。むしろ、『葉隠』を読むと、そういう言い方について、「なんの役にも立たない。ただ人に恥をかかせるだけで、悪口を言ったのと同じことになる。自分の気晴らしのために言うのと同じだ」（一ノ一四）と戒めているのです。

これを読んだだけでも、『葉隠』がたんなる「こわい本」ではないことがわかるはずです。それどころか、読んでいくと、ときには可哀相になるぐらい常朝が気を使って生きていたことがわかります。

それが、パターン2につながるのですが……。

パターン2についての弁明❶――『葉隠』が長いことについて

パターン2、つまり「武士道といふは死ぬことと見付けたり」というキャッチに惹かれて、『葉隠』を読みはじめたが、途中で「思っていたのと違う」と思ってやめるパターンですが、これにはいくつか理由があるでしょう。

まず、「意外と長い」ということが挙げられます。

つまり「武士道といふは死ぬことと見付けたり」などと刹那的なことを言っておきながら、『葉隠』という本自体は、まったく刹那的ではないのです。

ためしに本屋さんに行って『葉隠』を見てみてください。

原文と注だけの岩波文庫で、一冊二百ページ程で上中下の三冊組。抄訳である中央公論社『日本の名著』版でさえ、二段組で五百ページ近くあるのです。

しかも、期待したような教訓話があるのは、『葉隠』全十一巻のうち、主に最初の二巻と十一巻の一部だけ。あとはどこそこの武士が法事でなにをしたなどの内輪話が多くなって、けっこう退屈なのです（そのなかにも、「退屈」では片付けられないおもしろい話もあります。それらについては、一部を巻末に付録としてまとめました）。

それについての答えは、簡単です。

まずは最初の二巻だけでよしとしましょう。別に論文を書くわけじゃないのですから。それに、当初は常朝と陣基も二巻で完結のつもりだったという説もあるくらいなのです。そのことは、二巻の最後にシメの歌らしきものが書かれていることからもわかります。

パターン2についての弁明❷――チマチマしていることについて

『葉隠』を読みはじめて、挫折する理由としてはこっちのほうが多いでしょう。意外とチマチマしてるんですね。「手紙を書くときは……」やら、「酒の席に呼ばれたときは……」やら、「友だちの癖を直すには……」やら。言うことに妙に生活感を感じさせるのです。

つまり、パターン1の弁明で書いたようなことが裏目に出て、読者の落胆につながるわけです。「死ぬことと見付けたり」のわりには、ずいぶんと威勢が悪いじゃないかと。

しかし、ここにこそ〝いま〟『葉隠』を読むべき理由があるのではないかと、著者は思うのです。

どういうことか。つまり、われわれは時代劇などの影響で、武士の生活といえば、ついチャンチャンバラバラのド派手な場面を想像してしまいますが、それは江戸幕府ができるまでの話。常朝は、もうそうした戦乱の収まりきった江戸時代前期の人なのです。

そこで、武士道を発揮する場所とはどこか。それは武士としての毎日の事務であり、同僚との会話であり、主君の指示の遂行。

つまり、われわれと変わりはしないのです。そんな生活のなかで、武士道を貫くとはどういうことなのか。平和な時代の武士道、平凡な毎日のなかの武士道とはなにか。それが書かれているのが、この『葉隠』という本なのです。

そう考えれば、より身近なかたちでわれわれに教訓を与えてくれる本だといえるのです。

そこで、『葉隠』という本をより深く読むため、常朝の生きた時代を軽くおさえておきましょう。彼は、どんな時代のなかで「武士道といふは死ぬことと見付けたり」と言い放ったのか。

これを見ておくと、さらにこの本の魅力、とくに現代を生きるわれわれにとっての魅力が見えてきます。

2　「いま」を生きるための『葉隠』

だらしない武士の時代

山本常朝は、江戸時代前期の一六五九年（万治《まんじ》二年）六月十一日、佐賀城下の片田江横小路というところで生まれました。

関ケ原の合戦が一六〇〇年で、地元佐賀の殿様も参加した大坂冬の陣が一六一四年。そして、佐賀のご近所・長崎島原でキリシタンが蜂起し原城に立て籠もった島原の乱が一六三七年で、それ以降、日本では戦争らしい戦争は起こっていません。

島原の乱から約二十年後に生まれた常朝は、まさしく「戦争を知らない世代」だといえます。もちろん、まわりの武士もみな同様。

結果、常朝が一人前の武士として働きはじめるころには、武士からはわれわれの想像するような血なまぐさい性格は消えていき、良くも悪くも役所に勤める公務員のような、はたまた会社に勤めるサラリーマンのような人物ばかりになっていきます。

たとえば、常朝とほぼ同じ時代を生きた武士に朝日文左衛門という人がいます。彼の書いた『鸚鵡籠中記《おうむろうちゅうき》』という日記は、作家・神坂次郎氏の『元禄御畳奉行の日記』で紹介されて以来、当時の武士の生活を活写したものとして知られるようになりました。

その中身を見てみると、まあ常朝が怒るのもむべなるかな、というか、とにかくわれわれが思い描くような勇壮な武士の姿からはかけ離れた、なんとも能天気な生活が描かれています。

文左衛門は尾張の武士です。彼の生活はといえば、武士だとばれないように変装して芝居を見にいったり、友だちと釣りを楽しんだり、酒を飲んだり、仕事で登城しても弁当を食べて、天守閣から城下町を眺めたりしているだけ。たまの大坂出張でも、遊んでばかりいるのです。

なにしろ、この時代になると武士の数が役職の数にくらべて多くなりすぎ、暇をもてあました武士ばかりになっていました。つまり、平和ボケ＋ヒマという武士がぐうたらするには、このうえない最高（？）の条件が揃っていたのです。

もちろん、常朝と文左衛門では、佐賀と尾張で土地は違いますが、佐賀の武士だけはちゃんとしていたなんて、ちょっとありそうにありません。その証拠に、常朝も『葉隠』のなかで、最近の武士のあり方について嘆いています。

三十年くらい前から、武士の気風も変わってきて、若侍どもが集まって話すことといえば、金銀の噂、損得の勘定、家計のやりくり話、衣装の吟味、猥談ばかりで、こうした話でないと盛り上がらないようだ。どうしようもない風俗となったものだ。(一ノ六三)

(最近の武士は)自分を抑えることを知らず、飲み食いや下品な話ばかりし、言ってはならない言葉や、わきまえなくてはいけない風俗についても気にせず、暇さえあればつまらないことばかりしている。だから立派な奉公人が出てこないのである。(二ノ一一三)

つまり、槍一本で戦場を駆けまわり、血煙のなかで出世してきたような武士の姿は、いまは昔となり、「そんなのダサイぜ。それより酒でも飲もう」と言われかねない世の中になっていたわけです。

そんななか、常朝は一人怒っていました。

〈本当の武士ってのは、そういうもんじゃないだろ！〉と。

昔は昔、いまはいま

ただ、そうは言っても戦争のない世の中で、どうやって昔風の武士道を実践するのか。

先ほども書きましたが、それこそが『葉隠』に書いてあることそのものなのです。だからこそ、『葉隠』の説く武士道は「武士道といふは死ぬことと見付けたり」と書いてあるわりには、「ムチャして死ね」の一辺倒にはならない。

それだけでは時代に合わず、生きた武士道にならないからです。

つまり、常朝は、たんなる懐古主義者ではないのです。昔を踏まえた上で、〝いま〟武士としてどう生きるかを考えた人なのです。そのことがよくわかる一節が『葉隠』にはあります。昔を懐かしむ懐古主義者の言葉と、それへの常朝の返答です。

――「いまどきの衆が『このごろは戦争がなくて幸せだ』というようなことを言って――

いるが、あさはかな言葉だ。わずかな一生ではあるが、一度くらい戦争の場面を経験したいものだ。畳の上で死ぬなどということは、第一に苦痛でたまらないし、武士の本意ともいえない。昔の武士は、戦争がないことをとくに嘆いていたという。討ち死にほどいい死に方はない」

……こういうことを言う人には、一言言わせてもらおう。……

「そんなことはないでしょう。いまの者が無気力なのは世の中が太平だからです。なにか事が起これば、少しぐらいの気骨は出てくるでしょう。昔の人だって変わりはなかったと思います。そもそも、昔の人がいまの人と違っていたとしても、昔は昔です」（二ノ二八）

ちょっと強引な言い方をさせてもらえば、われわれもまた高度経済成長期、バブル期などの華々しい時代が終わり、スタティックで冷めた時代を生きる『葉隠』武士です。

先に引用した箇所など、少し語句を入れ替えれば、好景気に沸いた時代を懐かしむ人が、いまの若者に言う言葉にそっくりです。

彼らは言います。「ギラギラしてない」「金を稼ぎたがらない」「使いたがらない」「車を欲しがらない」「海外にも行きたがらない」

こうした声に、常朝ならばこう答えるでしょう。

〈昔は昔だろ！〉

要は「いま」なのです。

いまここから、どう生きていくかなのです。

『葉隠』の精神、山本常朝の精神はここにあるのだと思います。

だからこそ、戦争を知らない常朝の書いた『葉隠』は、好景気も終わりちょっと気を抜くと「昔はよかった」と言ってしまいそうになる今日にこそ繙《ひもと》かれ、参考にされるべきなのです。

その意味で、『葉隠』は決して古い本ではありません。

「いま」を踏まえ、自分なりのスジを貫いて生きたい人のためにこそ、参考になる本なのです。

3 自分の幸福ぐらい自分で決めろ！

腹は切れなかったけれど……

常朝は鍋島光茂という主君に仕えていました。

その臨終の際、常朝は追腹《おいばら》を切って殉死しようとします。追腹とは、武士が同じ主君にあの世でも仕えようと後を追うことで、忠義の証にもなっていました。ちなみに、三代将軍・徳川家光が亡くなったときも、老中の堀田正盛、阿部重次などが追腹を切っています。

常朝の場合、結局、当の鍋島光茂本人が追腹禁止令を出していたこともあり、追腹を断念するのですが、そのとき、なにかガックリくるようなことがあったようです。

日ごろ大きな口をきき、肘をはって威張りちらしていたお歴々が、殿がご逝去したとたんに、背を向けてしまった。主従の契りとか、義を重んずるとかいうの

——は、遠いことのようだが、いま現実にそう思った。（一ノ九）

とくに目立つ奉公をしたこともなく、これという徳行もなかったが、（鍋島光茂公が亡くなられた）そのときは、ふだんから考えていたとおり、私一人だけでも外に聞こえて恥ずかしくない振る舞いをしなければと思った。大名が死んだというのに、後を追う者が一人もいなかったのでは寂しいではないか。だが、このときよくわかった。いざとなって己を投げ出す者など一人もいない。ただ投げ出せばいいことなのにだ。意気地なしで、腰抜けで、欲深で、自分の利益ばかり考えている汚い人間ばかりだ。それ以来何年も、胸くそ悪い気分がなおらなかった。（一ノ一二）

つまり、常朝が追腹を切ろうというとき、誰一人、同調者があらわれなかったようなのです。

〈もう、いまの時代に本当の武士はいない〉

結局、常朝は腹を切るかわりに出家し、人里離れたところに庵《いおり》を結び隠遁して一生を終えました。そして、この庵を訪ねてきた田代陣基相手に語り下ろしたのが、この

『葉隠』という本なのです。

では、生涯をかけて武士道を貫こうとし、結局、最後の最後で失望を味わうこととなった常朝は、自分の人生についてどう思っていたのでしょうか。隠遁し、静かな庵から振り返ってどう語るのでしょうか。

「いまだって、お家に一大事があれば、真っ先に出ていって誰にもおくれをとるまい、などと考えていると、いつでも涙があふれてくるのだ。いまの自分はなにもいらない。死人同然で、万事につけどうでもいいと思っているのだが、このことだけは、若いときから骨の髄から思いつめてきたことで、忘れようにも忘れられず……」と申されて、常朝殿は涙を流し、声をふるわせ、しばらくは話もできない有様だった。（二ノ七七）

出家して庵に引っ込んだ私には似合わないことだが、仏を念じて成仏したいなどとは一度も考えたことがない。むしろ、七度生まれ変わるなら、七度とも鍋島侍に生まれて、藩の政治の役に立つ覚悟、それが肝にまで染みわたっているほどである。（夜陰の閑談）

つまり、まったく懲りてはいないのです。言い換えれば、〈何度でも同じやり方で人生をやってやるぞ！〉ということです。こう感じることのできる人生を、幸福な人生と言わずしてなんと言うのでしょう。

では、常朝はいったいなぜ、こうした人生を送ることができたのでしょうか。

なにが幸福かは自分で決められる

いきなりですが、われわれにとって幸福とはなんでしょうか。お金持ちになることでしょうか。名声を得ることでしょうか。モテること？　好きなものを好きなだけ食べられること？

そのどれでもありません。

じつは、幸福とは「幸福だと感じること」なのです。

と、書くとちょっとバカらしく聞こえるかもしれませんが、実際そうなのです。考えてみると、幸福というのは、「これはこうだから、よって私は幸福である」などと外側の論理に帰結されてあるものではありません。

だからこそ、人生にはわけもなく幸福を感じたり、そうでなかったり、という瞬間があるのです。つまり、幸福〝感〟という言葉があるように、幸福とは論理の問題ではなく、それを感じる感性の問題なのです。

ならば、幸福な人生を送るには、幸福だと感じてしまえばいいのです。

感性というのは、外の出来事に対するわれわれの反応のあり方です。その反応のあり方を、一定の方向に整えれば、どんな環境であろうが幸福な人生を送ることは可能なはずです。

つまり、なにが自分にとっての幸福かを、こちらから先取りして決めてしまうのです。これを「信念」と言います。とにかく、自分を幸福にする信念をもてばいいのです。

と、ここまで書いてきてなんですが、この考え方にはちょっと無理がある気がしませんか？

第一、われわれが生身の人間である以上、感性をコントロールするといっても限界があります。嫌いなシイタケを、好きだと思い込むことぐらいはできるかもしれませんが、嫌いな部長を好きだと思い込むのには相当な精神力が必要とされそうです。

仮に、それができたとして、ダマされるのは良いことなんだとか、罰を受けるのはうれしいことなんだとか、死ぬのは良いことなんだとかになると、ちょっとできそうもありません。

しかし、常朝はそう考えませんでした。

〈いや、できる！　それには「狂」って生きることだ！〉

この「狂」という考え方については、次章以降、繰り返し触れることになりますが、さしあたり簡単に説明しますと、「理屈じゃやねえんだよ！」ということです。余計なことは考えず、信念に従い、信念の命じるままにひたすら行動する。

そうすることで、どんな信念も自分のものになっていく。大切なのは、理屈ではなく行動。これは『葉隠』において繰り返し説かれるところです。

武士の本質は「奉公人」である

では常朝は、どんな信念をもって生きようとしたのでしょうか。

最初に書いたように、常朝は、戦乱のない時代の武士として、どのように武士道を貫くかを考えました。言い換えれば、武士としての幸福を、戦争にかかわってどこに求めるかを考えたのです。その答えとして常朝が導き出したもの。

それが「奉公人」という信念です。

これこそが常朝が「狂」って貫こうとした信念です。奉公人とは、主君のためにのみ働き、生きる人のことです。

常朝は、戦争があろうとなかろうと、武士道の根幹は主君のため「奉公人」として生きることにあると考えたのです。このようなやり方で、常朝は戦場の古い武士道を、太平の江戸時代流にアレンジして復活させたのです。

『葉隠』に以下のような箇所があります。

公の場所と寝所（プライベート）、戦場と畳の上、それを分けて考えていて、いざというときに立ち上がるものだから役に立たないのだ。日常も戦場なのだ。畳の上にいて武勇の働きがあらわれてくるようでなくては、戦場に送り出されもしないものだ。（二ノ七四）

ここで言う「畳の上」というのは、つまりふだんの武士としての公務のことです。

常朝が武士としてやっていた仕事というのは、九歳で御側小僧、二十歳で御書物役手伝、二十四歳で御側御小姓、二十八歳で書写物奉行、三十三歳で再び御書物役……といった感じです。

御側小僧、御側御小姓というのは、殿のまわりのお世話係。御書物役手伝、書写物奉行というのは、詳しくわからないのですが、字面だけ見ても武勇とは無縁の仕事でしょう。要は「畳の上」の地味な仕事ばかりです。

とくに常朝は、中野一門という、暇さえあれば木刀を振っているような体育会系一族の出身で、一族のなかでは、こうした「畳の上」の仕事を軽んずる風さえあったようです。和歌が好きで身体も弱い文化系の常朝としては、こんな仕事をしている自分について悩んだことでしょう。

しかし、常朝は決めたのです。

〈奉公人として「畳の上」で武士道を貫くのだ！　それが俺の幸福だ！　戦場でなくても、殿様のために命をかければ、それは「武勇」じゃないか！〉

と。

奉公人は、心がけ一つあればそれでよい。……自分は殿の唯一の家来だ、目をかけていただこうと、つれなくされようと、まったくご存じなさるまいと、そん

なことはどうでもよい、つねに殿の深い御恩を骨髄にまで感じとり、涙が流れるほどまでにありがたく思うまでのことである。（二ノ六一）

常朝はこのような「奉公人」という信念をもつことで、感性をコントロールしようとしたのです。言い方を換えれば、幸福の価値観を、受け身ではなくこちらからつくりあげたのです。

4　この人生を生き抜け！

絶望であろうがなんであろうが

それにしても、地元の主君のために「奉公人」として生きるという信念は、視野がグローバルに広がり、価値観が多様化した現代（陳腐な言い方ですが）から見ると、いかにも偏狭で固陋《ころう》なものに思えます。

しかし同時に、そんな現代だからこそ、こういう常朝の姿勢には非常に大切な視点が含まれていると思います。

現代にはややもすると、手もとにある自分の現実を軽視するような風潮があります。たとえば、新聞・雑誌・インターネットは、あたかも成功者の人生の見本市のようになっています。芸能人、成功した実業家、活躍したスポーツ選手から、たまたま宝くじに当たって大金持ちになった人、玉の輿に乗った人、宇宙に行った人、などなど。

そして、それを見るたびに、ごく平凡なわれわれは思うのです。

「いいなあ」と。

もっと言えば、

「あっちの人生がいいなあ」と。

しかし、どんなにうらやましがっても、そのどれもが他人の人生にすぎません。ハッキリ言えば、しょせん他人事なのです。自分に与えられている「この」人生を、成功者の「あの」人生にそっくり移し替えることなどできないのです。

この自己がどうしても自己であることを、キルケゴールは、著書『死に至る病』のなかで、人生における絶望の一つに数えあげています。ただ、彼はこういうことも言っています。


〈自己をもつこと、自分であることは、人間に与えられた最大の譲与であり、無限の譲与であるが、しかし同時に、永遠が人間に対してなす要求でもある。〉

『死に至る病』


自分という存在を与えられたことは、最大のプレゼントであり、同時にそこには自分を全うする義務が生じるというのです。

よく考えれば、これは別に「永遠」なんか想定するまでもなく自明のことかもしれません。現に自分であって、これからも絶対に自分なのです。ならば、自分を生きるしかないのです。

では、自分を生きるとは、どういうことでしょうか。

ヒーローは救いにこない

自分の人生を生きるには、（当たり前のことなのですが）まずは手もとを見るということ。次に自分のまわりを見ること、そこから始めるしかありません。

『葉隠』のなかに、このような一節があります。

釈迦も孔子も楠公（楠木正成）も（武田）信玄公も、一度だって龍造寺・鍋島の家に家来として仕えたことはないのだから、当家の家風にかなうとは言えない。……当家の家来ならば、よその学問は無用である。まずは当家のことをよく学び、それからよその学問を慰みに学ぶのならよい。よくよく深く理解するならば、わが藩の歴史や伝統の知識で間に合わないということは一つもないはずだ。（夜陰

の閑談）

内向きです。しかし、一面の真実でもあります。

ヒーローの体験や言葉は、万人を共感させる半面、しょせんそれを生かそうとする個人にとっては一般論にすぎません。

お釈迦様も孔子様も他の成功者も、あなたのイヤな上司の下で働いたことはないのです。仏典や論語や自己啓発書のありがたい言葉より、先輩に聞く上司とのつきあい方のコツのほうが役に立ったりするのが現実というものです。

それはなぜか。

まあ、こう言ってはなんですが、どんなヒーローもあなたの人生とはなんのかかわりもないからです。あなたと環境や状況を共有していないのです。

そんな他人の言葉や活躍に踊らされて、自分のまわりにある環境や人々を軽く見たりするのは、本末転倒です。

そう考えれば、われわれの手もとにある環境、仲間、家族をまずは大切にするという考え方は、それほど不自然とはいえないでしょう。

少なくとも、常朝はやや極端な形をとりながらも、基本的にはそのように生きたわけです。まずは手もとにある現実の人生を肯定すること。空々しい他人の人生ではなく、自分の人生を生きること。

現代から『葉隠』という書物を見返したとき、そうした教訓も見いだすことができるでしょう。

5　好きに生きればいいさ

じゃあ、われわれはどうすれば……

常朝は、地元の主君のために生きることを選びました。

では、武士ではなく、主君もいないわれわれは、どうしたらよいのでしょうか。人生をなにに賭けるのか。

先ほど、空々しい他人の人生を生きる前に、自分の手もとを見るという考え方を紹介しました。

これは人によっては、堅実で地味な人生を送れという意味に聞こえるかもしれません。しかし、そうではないのです。とくに現代に生きるわれわれにとっては。

手続きさえ踏めば、なにをしたっていいのがわれわれの時代の社会です。

これこそ、江戸の封建社会ではなく、民主主義社会に生きるわれわれの醍醐味と言えるでしょう。法治国家に生きる以上、法にかなったものでなければなりませんが、その上であれば、なんであろうが自由なのです。

もちろん、それだけに厳しい面があるのも事実です。

つねに、選びとるという行為には、外から決めてもらうこと以上のエネルギーが求められます。しかも、昔であれば、身分制度などによって選択肢はある程度狭められていました。

たとえば、常朝の時代であれば、武士なら武士のとりうる生き方の幅というものがあったでしょう。それはそれで、不自由であり悲劇であったでしょうが、生き方を外から決めてもらえた、という面のみを考えればそこはラクなのです。

しかし、現代の日本にはそんなものはありません。むろん、生まれついた能力、土地、経済的な前提などはあるでしょうが、基本的にはなんになろうが、どこに住もうが勝手です。しかも、日本人の多くの場合、宗教的に拠って立つところの戒律すらありません。

その結果、生き方の幅が無際限に広がっているのが現代の日本なのです。これでは、途方に暮れて「自分探し」をする人が出てくるのもしかたがないのかもしれません。

では、どうすればいいのか。

人間の一生とは、まことに短いものである。だから、好きなことをして暮らしたらよい。夢の間に過ぎてゆく世の中を、嫌いなことばかりして、苦しい目にあいながら暮らすのは愚かなことだ。(二ノ八五)

一番好きなもののために生きましょう。

結局のところ、常朝は、主君のために生きることが好きだったのです。もしくは、好きだと思い込むことが好きだったのです。

われわれだって、好きなことをして生きていいのです。趣味のため、仕事のため、妻を夫を主君と仰いで生きるのだっていい。もっと言えば、「そうした信念に縛られずに生きる」というものだって、立派な生き方です。

ただし、ここにいる「自分」が本当に好きなことをしろ。そして、それを曲げるな、ということです。これこそが自分の人生を生きるということなのです。

穴掘りに喩《たと》えれば、少し掘っては飽きて他の場所を掘るようなマネはダメなのです。それでは深い穴は掘れません。掘った先に岩盤があろうと、それをぶち破って掘りつづけるのです。

考えが二つに分かれるというのはよくない。武士道のみを考えて、他のことを求めてはならない。道の字は結局はどれも同じ意味なのだ。儒道・仏道の教えを聞きながら武士道などというのは、道の意味をはき違えている証拠だ。(一ノ一四〇)

どんな信念を選ぼうが、その「道」をつきつめていけばその醍醐味、味わう幸福は似たり寄ったりなのです。ならば、それを深く味わうためには、二股をかけずとにかく貫くこと。では、貫くためにどうすればいいか。『葉隠』のなかに、以下のような箇所があります。人として一番大切なことを問われた常朝が答えたものです。

いまのいまを、一心不乱に念じて生きることである。……活気のある顔というのは、一心不乱になにごとかを念じて生きているときのものだ。こうした姿勢で物事に取り組んでいると、心のなかで固まってくるものがある。これが君に対しては忠、親に対しては孝、武士道では勇気、そのほか万事についての根本である。しかし、これを見いだすことは難しい。また、見いだしたからといって、いつも

もちつづけていることはさらに難しい。現在を最高に生きることより外にはないということだ。(一ノ六一)

生き方を貫け。そのために一瞬一瞬で死に物狂いになれ。
われわれが、『葉隠』という書物に向き合うとき、そのように読むことができるでしょう。そして、もっと言えば、そのように生きることを決心した瞬間に、そこでもう幸福になったも同然なのです。

名人のことをあれこれと見聞して、自分ではとうていかなわないなどと思うのは、ふがいないことだ。名人も人、自分も人なのだ。誰に負けるものかと思って、一度決心してとり組んでしまえば、すでにその道に入ったことになるのだ。孔子について「十有五にして学に志したところが聖人たるゆえんである。後で修行を積んで聖人になられたのではない」と、一鼎《いってい》(学者・常朝の師)が申されたことがある。「はじめに発心したとき、すでに正しい仏の教えを心に得ているのである」という仏典の意味もそれだ。(一ノ一一七)

こうした考え方を、身近な例で考えてみます。

月曜日、これから一週間の予定がびっちり詰まっていて、他になにもできないことが決まっているとき。「ああ、この一週間終わっちゃったなあ」と思うことがないでしょうか。まだ始まってもいないのに。

言うなれば、『葉隠』のこの箇所の考え方は、それのポジティブバージョンの人生版です。

真に信念に殉じる覚悟さえできれば、その瞬間に「もう一生幸せだな」という感覚をかすかでも味わえるはずなのです。

こうした『葉隠』の信念の持ち方について、著者は「彼と我との一体化」というものがキーワードになっているのではないかと思うのですが、それについては第5章で改めて取り上げます。

第2章

死ぬことと生きること

1 なぜしつこく「死ね」と言うのか

「死ね死ね」ばかり

では、この章からは、さらに詳しく『葉隠』に書いてある内容に入っていきたいと思います。

常朝の言う「一瞬一瞬を一心不乱に生きる」生き方とは、どのようなものなのでしょうか。そして、われわれはそこからなにを学びとることができるでしょうか。

そこで、考えなければいけないのが、『葉隠』がやたら「死ね死ね」と言っているということです。「武士道といふは死ぬことと見付けたり」と説く『葉隠』には、以下のような文章がたくさん出てきます。

戦においては、敵を討ちとることよりも、主君のために討ち死にするほうが手柄である。（二ノ一七二）

「武士道とは死狂いである。死狂いの武士を相手にしては、一人に数十人でかかっても殺すことは難しい」と直茂公が言っておられる。正気で大業はなせない。物狂いになり、死狂いになるのだ。また、武士道において、分別が出てくることは、すでに人におくれをとっているということなのだ。忠だの孝だのと考える必要もない。武士道に必要なのは、死狂いだけである。こうした振る舞いの内に、忠と孝は自然と宿ると考えればよい。（一ノ一一四）

勘定高いものは卑怯者だ。というのも、勘定は損得を考えるものであるから、いつも損得の心が絶えない。死は損、生は得であり、当然死ぬことを好まないことになるから、卑怯になる。（一ノ一一二）

武士道にとっては、毎朝あのとき死んだら、このとき死んだらと死に習い、生に対する執着を切り捨てておくような姿勢が大切なのである。（二ノ四八）

恐ろしいことが書いてありますね。しかし、常朝は別に命を軽んじて「死ね死ね」

と言っているわけではありません。わざとそう読みたがる人がいますが、絶対に違うと著者は思います。

第1章にも書いたように、『葉隠』は生き方について書いてある本なのです。

「死ぬことと見付けたり」の本当の意味

そこで、（ついに）この言葉について考えてみることにします。この言葉の意味を考えることで、『葉隠』が「死ね死ね」と言っていることの意味がわかります。

〈武士道といふは死ぬことと見付けたり〉

この言葉は『葉隠』の第一巻、ほぼ冒頭にあります。

少し長いですが、この本の根幹となるところですから、見てみましょう。

武士道というのは、まさに死ぬことである。分かれ道があれば、早く死ぬほうを選ぶ。それだけのことだ。覚悟して、ただ突き進むのみである。「目的が遂げ

られず死ぬのは犬死にだ」などと言うのは、上方風の軽薄な武士道である。生きるか死ぬかの場面では、どちらが正しい選択かなどわかるものではないのだ。人間は生きるほうを望む。誰もが生きるほうに理屈をつける。しかし、もし目的が遂げられず、かつ生き長らえるならば、その侍は腰抜けと呼ばれてしまう。ここが難しいところなのだ。一方、目的が遂げられず、かつ死んでしまったとき、これは犬死にであり、狂気の沙汰である。しかし、恥にはならないのだ。これが武士道においてもっとも大切なことだ。毎朝毎夕、死に思いを致して、いつも死身になっていれば、なにをしても武士道から外れることはなくなる。一生落ち度なく職務を勤め上げることができるだろう。（一ノ二）

一見非常に威勢がいいというか、世に言う『葉隠』のイメージどおりの勇猛な文章ですが、最後の一文に注目してください。死を覚悟することで「一生落ち度なく職務を勤め上げることができるだろう」とあります。

つまり、「武士道といふは死ぬことと見付けたり」という言葉は、「武士道の目的は死ぬことである」という意味ではなく、死を覚悟することは（奉公人としての）職務を一生滞りなく遂行するための手段であるということです。

そして、そのためには「毎朝毎夕、死に思いを致して、いつも死身になって」いることが必要だということなのです。このことをより具体的に述べた箇所が以下にあります。

必死の観念というのは、毎日を「今日が最後の日だ」と考えて生きることだ。そのためには、毎朝心身をしずめ、自分が弓・鉄砲・槍・太刀さきにずたずたにされ、大浪に巻き込まれ、大火のなかに飛び込み、雷電にうちひしがれ、大地震に揺り動かされ、数千丈の崖から飛び降り、病死・頓死などで死んでいくときの心持ちを思い、毎朝怠らずに死んでおくとよいだろう。古老の言に「軒を出れば死人なり、中門を出れば敵が待つ」とある。用心をせよという話ではない。前もって死んでおけということである。（一一ノ一三四）

この「前もって死んでおく」（原文では「前方死して置く」）という発想は、ちょっと異様な感じを受けるかもしれません。しかし、こうした考え方というのは、じつは常朝独特のものではなく、西洋にも古くからある考え方なのです。

常朝の考え方を探るヒントに、ほんのちょっとだけ、寄り道してみましょう。

プラトンとハイデガーと『葉隠』

たとえば、プラトンという哲学者は、師であるソクラテスの死を描いた『パイドン』という著書のなかで、哲学とは「平然として死ぬための練習」であると言っています。プラトンにとって、哲学とは肉体による情念や感覚の雑音に惑わされず、肉体を離れ思索に努める営みでした。ですから、魂が肉体を離れる「死」とは、むしろ哲学の目指す境地なのです。

真の哲学者にとって自らの「死」は喜びであり、なんら悲しむべきものではない、というのがプラトンの考え方です。

同様に、ハイデガーという哲学者もまた、死を意識しながら生きることが人間本来の生き方である、と考え、逆に俗事にかかずらわって、死から目を背けることこそ非本来的な生き方であるとしました。

そして、死を意識し、それを踏まえて生きる意識のあり方を「先駆的決意性」と呼び、本来的な生き方をする人間の重要な要素と考えました。

なぜ、こうした考え方があるのでしょう?

「どうせ死んじゃえば、全部なくなるのだから」、もしくは「どうせいつ死ぬかわからないんだから」。

こう考えないためです。こうした考え方では、すべてがどうでもよくなって人生がおろそかになるのです。おろそかでもいい人は、それでいいのですが、たいていの人間は自分の人生を大切に思っています。

プラトンの考え方は「死んでもあの世がある。あの世の準備のためにこの世の哲学をおろそかにしてはいけない、学んだ哲学は死んで無になるものではない」と読めますし、ハイデガーの考え方も「いつ死ぬかわからないのに、くだらない生活を送ってはいけない。いつか死ぬからこそ、現在という時間が最高に大切だ」と読めます。

つまりこれらの考え方は、人生を充実させるような思考なのです。

死んでも生きろ！

『葉隠』の「前もって死んでおく」という発想も、まったく同様です。人生を最高に充実したものにするための考え方なのです。

『葉隠』の説く武士道の根幹は、簡単に言えば「なにがあっても信念を貫いて生きる」

というものですが、その「なにがあっても」のもっとも大きなものが「死」なのです。だからこそ、『葉隠』は「死ね死ね」と言っているのです。「前もって死んでおく」ことで、死に対して過剰に萎縮するようなことがないよう言っているのです。

これは物騒な発想でしょうか。

しかし、現代でも人がなにごとかに必死（！）になって取り組もうというとき、「死んでもやる」と言いますよね。『葉隠』はあの気分のことを言っているのです。

あの気分はどういうものなのでしょう。それを考えるのには、一つの言葉がヒントになります。

「生活」

「生活」とは、文字どおり生きていくための営みです。もっとくだけるなら「食っていく」という言葉に置き換えてもいいでしょう。この「生活」という言葉はさまざまに使われますが、著者が注目したいのは、一つの言い回しです。

「生活のために」

このフレーズは、主に自分の嫌なこと、気乗りのしないことに取り組むときに使われます。「これも生活のため」「食っていかなきゃいけないし」などなど。これはつまるところ、「生きていくためにはしょうがない」とあきらめることです。

しかし、よく考えれば、これはちょっとおかしな話です。生活のためになにかをあきらめるという発想は、「生活」と同等か、それ以上に大切なものがその人にないと成り立ちません。なぜなら、「生活」がなにより大切なものであるなら、なにも「生活のために」などとグチる必要自体がないはずだからです。

そういう人には、本当はあるのです。「生活」より大切にしたいものが。

おそらく、それが「信念」です。「信念」と言ってカタければ、「本当にやりたいこと」と言い換えてもいいでしょう。

現代では、多くの人が「信念」を切り売りして生きています。まさに「生活のために」です。むろん著者もです。

そして、第1章で述べたように、常朝と同時代においても、我が身の「生活」のことばかり考えるサラリーマン武士が出てきていたのです。そうした同時代の武士に対し、常朝はこう言っています。

いまどきの奉公人を見ると、目のつけどころがたいへん低い。まるでスリのような目つきをしている。（一ノ三五）

「生活のために」とは、「生きていくために」とほぼ同義です。それを選ばなければ、先に死が待っているかもしれない、そういう道です。大げさでしょうか。

そのとおり。大げさなのです。

たいていの場合、「生活のため」の道を捨てたぐらいで、すぐに死にはしない。せいぜい死がチラつく程度です。なぜその程度のことで、信念を捨てるのでしょうか。死に対して過剰に萎縮しているからです。

〈その萎縮した気持ちをなんとかしろよ！〉

常朝はそう言っているのです。そのために「前もって死んでおく」ことをすすめているのです。目の前に「死」がチラついたぐらいで、信念を捨てるな、ということを言っているのです。

われわれだって、「死んでもやる」と言っている瞬間には、そうした飛躍を経験できているのです。ただし、それは特定の場面に限定されています。

常朝の武士道を現代にも当てはまるように言えばこうなるでしょう。人生自体を「死んでもやる」。

〈死んでも生きろ！〉

これが『葉隠』の説く生き方なのではないでしょうか。

2 覚悟のススメ

未来を迎え討て！

常朝の武士道は、死を覚悟するばかりではありません。万事につけ、事にあたっては覚悟することをすすめます。なにがあっても生き方（信念）を貫くためです。

覚の士、不覚の士という考え方が軍学の本にある。覚の士と呼ばれるには、事にあたった経験から対処の仕方を覚えていくばかりでは不十分である。事前に個々の事態における対処の仕方を吟味しておき、いざというときにうまく成し遂げられるようにしておかなければいけない。だから、万事についてあらかじめ見極めておくのが覚の士である。不覚の士が、その場でなんとかなっても、それはたまたま運がよかっただけのことなのだ。前もって物事を考えない人は、不覚の士と呼ばれることになる。（一ノ二一）

前もって思案をめぐらしておくことが大切だと、常朝は『葉隠』のなかで何度も強調します。そして、言うなれば、「覚」ということは、こちらから未来を迎え討つこと、逆に、「不覚」は未来のするがままに任せるということです。

「覚」をすすめる常朝は、未来のいいようにさせるな、と言っているのです。未来はいつでも、われわれを不意打ちしてきます。それを迎え討つのです。そして、その最大の不意打ちが「死」。つまり、「死ぬことと見付けたり」という死の覚悟も、そうした未来を迎え討つことの一環なのです。

大事なことなんか軽く考えろ！

以上のような考え方を実行するならば、必然的に直面する出来事が重大であればあるほど、悩まないということになります。重大なことについては、あらかじめ考えておくのが『葉隠』の考え方だからです。

――（鍋島）直茂公の御壁書きに「大事の思案は軽くすべし」というのがある。……――

大事というのは、せいぜい二つか三つくらいのものだ。こういうことはふだんから考えておけば、どうということはない。前もって考えておいて、大事のときはすぐにそれを思い出せば、軽くすむという意味だろうと思う。それを、日ごろは覚悟しないでいて、その場に臨んで軽く判断を下そうとしても無理なことで、とても適切な対処などできないものだ。つまり、ふだんから固い地盤をつくっておくのが「大事の思案は軽くすべし」と仰《おお》せられた条文の根本と思われる。（一ノ四六）

あらかじめ重大事について対処と覚悟を決めておけば、いざというときに残っていることは、それを実行するということだけです。あらかじめの覚悟が決まっていないから、悩むのです。

とはいっても、実行にあたって妙にグズグズとなることも、実際には多いものです。それはなぜなのでしょう?

3　論理を超越せよ！

いいからやれよ！

前もって案を練っておき「覚」の状態であれば、いざというときの対処も決まっています。残るは、それを実行するかどうかです。

いまこそが、いざというときである。いざというときとは、いまなのである。その「いま」と、「いざ」とを二つに分けて考えているから、いざというとき間に合わない。（二ノ四七）

原文では「唯今がその時、その時が唯今」となっています。つまり、実行、行動に移すということは現在の一瞬の勝負なのです。

まさにいまの一瞬の他にはなにもない。一瞬、一瞬と積み重なって一生なのである。これさえわかれば、他にせわしく思うことも、求めることもない。この一瞬を大切にして暮らすだけのことだ。みな、ここのところをとり違えて、別に暮らし方があるように思って、それを探すのだから、ここに気づいている人はいないものだ。(二ノ一七)

いくら覚悟をしておいても、それを実行するとなると話は別なものです。「明日からダイエットを始めよう」「今日こそ部長に一言言ってやろう」「毎日、早起きして英語の勉強をしよう」

われわれはいろいろなことを決意しますが、実行するとなると急に尻すぼみになりがちです。

それはなぜか。

実行するその瞬間になると、「現実」というものがあらわれるからです。

「今日からダイエットをしようと思ったが、飲みに誘われてしまった」「今日こそ部長に一言言ってやろうと思ったが、今日はとびきり機嫌が悪そうだ」「今日は早起きして英語の勉強をしようと思ったが、前の日残業だったのでとても起きられない」などなど。

〈いいからやれよ!〉

常朝なら言うでしょう。たまには飲みに誘われること、部長には機嫌が悪いときがあること、残業しなければいけないときだってあること、そんなことはあらかじめわかっていたことではないか、と。

ここで目の前の現実に気おくれして躊躇しないことこそ、常朝の考える武士道であり、そのために必要なものこそ、『葉隠』の根幹である「狂」という考え方なのです。

狂って生きる

常朝は、物事の実行にあたって「死に物狂いになる」「死にむかって突き進む」ことを繰り返し説きます。

こうした考え方、これが「狂」です。

「狂」とは意識の飛躍です。論理の帰結ではありません。

言葉に表せば、「やると言ったら、やるんだよ!」とでもなるでしょうか。とにかく実行するのです。そうすると決めたからです。いまとなっては理由はありません。

常朝の武士道は、こうした飛躍を重視するのです。

武士道とは死狂いである。……正気で大業はなせない。物狂いになり、死狂いになるのだ。また、武士道において、分別が出てくることは、すでに人におくれをとっているということなのだ。忠だの孝だのと考える必要もない。武士道に必要なのは、死狂いだけである。こうした振る舞いの内に、忠と孝は自然と宿ると考えればよい。（一ノ一一四）

武士道というのは、まさに死ぬことである。分かれ道があれば、早く死ぬほうを選ぶ。それだけのことだ。覚悟して、ただ突き進むのみである。「目的が遂げられず死ぬのは犬死にだ」などと言うのは、上方風の軽薄な武士道である。（一ノ二）

人の話を聞くのも、物の本を読むのも、前もって覚悟を決めるためである。とくに武士道においてはその日なにがあるともしれぬと覚悟し、朝に晩に箇条を立てて考えを練っておくべきだ。勝負は時の運で決まってしまうものだが、そこで

恥をかかない振る舞いとなれば話は別だ。死ぬだけである。負けても、すぐ仕返しせよ。これに知恵も業《わざ》もいらない。曲者と言われるほどの人間は、勝敗など考えず、ただひたすらに死狂いになるのだ。そうなってこそ本当の自分がよみがえってくるのである。（一ノ五五）

高伝寺の恵芳和尚の話によると、安芸殿（鍋島茂賢）が「武勇は物狂いにならねば、なせるものではない」と申されたとのことである。私の覚悟とぴったり合うので不思議に思って、それからいっそう物狂いになる決意を固めたのである。（二ノ一一七）

そもそも、前もっていくら練っておいた案でも間違っているかもしれないのです。しかし、そんなことをいまさら心配して「目的が遂げられず死ぬのは犬死に」だなどと心配するヤツは武士ではない、と常朝は言うのです。

ですから、そんな常朝が『忠臣蔵』で有名な赤穂浪士の討ち入り（常朝が四十三歳のときの出来事です）を語ると以下のようになります。

赤穂浪士の仇討も、泉岳寺で腹を切らなかったのが落度だ。それに主君が討たれて、敵を討つまでのあいだが長すぎる。もしもそのあいだに吉良殿が病死でもされたときにはどうにも残念なことになるではないか。（一ノ五五）

「狂」とは、現在の一瞬のなかで生死を含めた一切の打算をしないということです。いざという瞬間にちょっとした躊躇をすることで、武士道から外れてしまうかもしれない。そうした危機感が常朝にはあったのでしょう。

常朝にとって、考えるという行為は、前もってやっておくことであって、「いま」という時間にあっては、すべての論理を超越して行動するのみです。

4 知恵もスキルもいらない！

理屈が邪魔になるとき

当然の帰結として、論理を飛躍した「狂」を重視する常朝は、論理的な利口者を嫌います。ぐずぐずと理屈をこねることは、行動の邪魔になるからです。

――本当に役に立ちたいという真心さえあれば、不調法な者ぐらいでちょうどいいのだ。知恵や利口などというものは、かえって害になる場合が多い。（一ノ二〇〇）――

――知恵や頭の鋭さほど汚ないものはない。第一に人々が信用せず、心を許した交際もできないものだ。（二ノ九七）――

――知恵や技芸だけで（主君の）お役に立つというのは下の方である。（一ノ三）――

ただし、常朝がこのように知恵・利発というものを嫌うのには、他にも理由があります。それは常朝の生きた時代に生まれた新しいタイプの武士道と関係があります。

儒教武士道と中世武士道

彼の生きた時代、日本では積極的に儒教というものが学ばれはじめ、武士のあいだでも思想的な支柱になりつつありました。

儒教とは（ごく大雑把に言えば）、いかに天下を王一人の体制において治めていくか、ということを軸に人間のあり方を追究した学問です。それだけに、組織というものについての論理を明確にもっています。

これは、日本一国を将軍の下で治めていこうという幕府にとって、非常に有用な学問でした。そこで儒教を根幹に据えた幕府は、武家諸法度というきちんと成文化した法を定め、これに則って全国の武士を組織的に統率しようとしはじめます。

こうした時代の流れのなかで、儒教と結びついた新しい武士道が生まれてきたのです。

この武士道のもとでは、武士に求められる徳も儒教の経典である『論語』などを根拠とし、将軍を頂点にいただく組織の一員として理にかなった行動が求められるようになります。

主君への「思い」を根拠として、情緒を中心に武士道を説く常朝とは、相容れない考え方です。

ここで、再び「武士道といふは死ぬことと見付けたり」の例の箇所を見てみましょう。

武士道というのは、まさに死ぬことである。分かれ道があれば、早く死ぬほうを選ぶ。それだけのことだ。覚悟して、ただ突き進むのみである。「目的が遂げられず死ぬのは犬死にだ」などと言うのは、上方風の軽薄な武士道である。（一ノ二）

ここで言う「上方風の軽薄な武士道」というものこそ、この新しい儒教武士道の考え方のことなのです。

きっと常朝のまわりでも、冷めた目で、「当てが外れて目的が果たせなければ、犬死にではないか」と分別くさく言い放つような武士が出てきていたのでしょう。

しかし、常朝ならばこう反論するはずです。

〈そんな考え方のどこに充実感があるんだ！〉

いちいち『論語』を引っ張ってこなければ、自分の行動について評価ができないような武士道には、主体的な充実感などあるはずがないのです。なぜなら『論語』などしょせん他人が書いたものだからです。

第1章で見たように、常朝は主君のために生きる「奉公人」として、畳の上で武士道を全うすることを信念として生きています。この信念は、思い込みです。理由などありません。そう生きることが幸せだと常朝が決めたのです。

そして、だからこそ常朝のように信念・情緒によって幸福の基準を先取りしていれば、充実感を主体的に味わうことができるのです。

以下は、常朝が儒教武士道に対して言い放った言葉です。

忠か不忠か、義か不義か、ちょうどいいかどうか、などと、理屈で判断をする姿勢がいやだ。ただ理屈抜きに奉公に打ち込み、ひたすらに主君を大切に思えばそれでよい。これが立派な家来というものである。奉公に熱中しすぎ、主君のこ

とを心配しすぎて、過ちが起ることもあるだろうが、それも本望である。

万事につけ、行きすぎはよくないと言われているが、奉公の道だけは、そして奉公人ならば、打ち込みすぎて過ちのあるほうが、むしろ本望なのだ。理屈がわかっている人間は、多くの場合、瑣末なことにこだわり一生をむだに過ごすが、これは残念なことだ。まことに短い一生である。ただただ、ひたすらに生きるのがよい。道が二つになるのがよくない。すべてを捨てて、ただ奉公三昧を極めるべきだ。忠だの義だのと、背伸びをした理屈をこねているのは返す返すもいやだ。

（一ノ一九六）


ここで出てくる「忠」や「義」などは、儒教で述べられる徳目です。こんなものにこだわるのは、常朝にはしゃらくさいのです。

「奉公」のところを、あなたの一番好きなものに換えて読んでみましょう。これこそ、最高の人生ではないでしょうか。

第3章

気力の出し方、自信の育て方

1 「サムライ」の条件

サムライって誰のこと？

「サムライ」という言葉は、いまでもよく使われます。海外で活躍する日本人スポーツ選手などを「サムライ」と呼んだりするのは、新聞やテレビでよく目にするところです。

こうした場合の「サムライ」という呼称は、ほとんど「日本人」と同義語であり、意地の悪い見方をすれば「とりあえずそう呼んでおけば収まりがいい」という程度のものです。

ただ一方、「サムライ」という言葉は他の使われ方もします。「まるでサムライのような」「青い目のサムライ」などなど。こうした場合の「サムライ」には、あるイメージが前提とされているようです。

どんなイメージでしょう？

人によってそれぞれなのでしょうが、著者の受ける感じでは、無口、実直、真面目、勇敢といったものでしょうか。場合によっては、慈悲深い、というのも入るかもしれません。

ただ、こうしたイメージが、どこからきているのかをよく考えてみれば、主に時代劇、時代小説などのフィクションからなのではないでしょうか。なにしろ、われわれは本物のサムライ、武士を目にする機会などないのですから。そんなイメージがはたして、実際のサムライの姿を反映しているのか、疑問なしとはできません。

時代劇そのまんまの武士像

と、言いながらも、結論から書いてしまいますが、そうしたわれわれのイメージというのは、どうも当たらずとも遠からずのよう。少なくとも、『葉隠』の時代、われわれが抱くような「サムライ」のイメージは、たしかに武士の理想像の一つだったようです。『葉隠』に、以下のような箇所があります。

――どっしりと重みがあって、厳然としたところがなくては、姿・形や態度はよく――

見えないものだ。謙虚で、苦みばしって、立居振る舞いの静かなのがよい。（一ノ一〇八）

原文では、最後の一文は「うやうやしく、にがみありて、調子静かなるがよし」となっているのですが、これこそ現代のわれわれの抱く「サムライ」のイメージそのままです。

『葉隠』では、このような武士の理想像、いわば、「武士の条件」といったものについても、豊富な記述があります。

常朝が、武士の根幹に「奉公人」というものを見据え、それを信念とし、それを貫いて生きようとしたことは先に述べました。

では「奉公人」たる武士の姿とは、具体的にはどういうものなのか。武士的な人生とはなにか。さらには、そうした人生を現代において、われわれが送ることは可能なのか。

この章では、それを『葉隠』から探り、考えてみたいと思います。

オヤジの残した教訓

常朝は、父・神右衛門から聞いた教訓話、武士としての心構えを書き残しています。『葉隠』のなかには何箇所もこうした父からの教訓が書かれています。

これは常朝の守ろうとした武士道における「武士」とはなにか、を見ていくうえで格好の材料となるでしょう。

山本神右衛門が日ごろ言っていたことを箇条書きにしておいたが、そのなかからいくつかをあげてみよう。

一、一つのことを会得すれば、いろいろのことがわかるようになる。

一、おかしくもないのに作り笑いをする者は、男の場合は卑怯者で、女の場合は淫乱。

一、正式の席で話すとき、あるいはふだんの会話でも、相手の目を見ながら話をせよ。頭を下げるのははじめだけで十分だ。うつむいて話をするのは不用心である。

一、袴の下に手を入れるのは不用心である。
一、（神右衛門は）草紙・書物の類を読んだら、すぐに焼き捨てていた。書物を見るのは公家の仕事、中野一門（常朝の一族）は、樫の木太刀を握って武術に励むのが仕事だと申された。
一、組にも入らず、馬ももたない武士は、武士とは言えない。
一、曲者《くせもの》は信頼できる者だ。
一、（神右衛門は）朝は四時に起きて、毎日行水をし、髪を整え、日の出のころには食事をし、日が暮れたら休まれた。
一、武士は食わねど高楊枝。内は犬の皮でも、外は虎の皮。（一ノ六〇）

五つ目の「書物を見るのは公家の仕事」など、文官人生まっしぐらで身体も弱かった常朝がどういう気持ちで聞いていたのか、想像すると少々切なくなりますが、それはともかく、著者が注目したいのは、七つ目の「曲者は信頼できる者だ」、そして最後の「武士は食わねど高楊枝」です。

「曲者」そして「武士は食わねど高楊枝」というのは、『葉隠』における武士道の重要なキーワードです。

「曲者」については、武士の内面を扱うこの章で、「武士は食わねど高楊枝」については、武士の外面を扱う次章で詳しく紹介していきます。

2　武士の理想像「クセモノ」とは？

戦場の真ん中で無茶を言う

『葉隠』では、「曲者は信頼できる者だ」という父・神右衛門の教えのとおり、武士は「曲者」でなくてはならない、と繰り返し説かれます。

死に際の立派な者こそ曲者である。その例は多い。日ごろ一丁前のことを口にする者が、死ぬにあたってとり乱すのは、真の勇士でないことをさらけだすものだ。（十一ノ一二七）

神右衛門が言っていた。「曲者とはたのもしい者を言い、たのもしい者を曲者と言う。これまでの例を考えても思いあたることだ。たのもしいというのは、万事調子よくやっているときは来ず、人が落ち目になって難儀するころになると、そっとやってきて手をさしのべてくれるのをたのもしいというのだ。こういう人が、曲者と呼ばれることになるのだ」と。（一ノ一三三）

曲者には、文字どおりクセのある者、剛の者といった意味がありますが、『葉隠』では、論理や打算を超えて行動できる人物のことを指すようです。もっと言えば、いざというとき「狂」うことのできる人物のことです。

第2章で述べましたが、常朝の説く武士道は、論理を飛躍した「狂」の生き方です。こうした生き方は、なにも常朝のオリジナルではなく、いま見たように、父の代、いやもっと前からあった武士の一つの理想像であったようです。

『葉隠』には、そうした曲者武士たちの生き方がたくさん収められています。たとえば、あの徳川家康のエピソード。大坂の陣で、弓や鉄砲を雨あられと撃たれたときのこと。

（家康が）鎧兜を身につけておられなかったので、お供のある者が急いで面頬《めんぼお》（顔につける防具）をお顔に押し当てたところ、そこに鉄砲の玉が命中した。家康公は、「こんな物をつけるから、臆病神がとりついたのだ」と仰せになって、面頬

――を投げ捨てられた。（十一ノ三〇）

ごらんのようにまったく理屈になっていません。

普通であれば、部下が面頬を押し当てたからこそ弾が飛んできても助かったのであって、そうでなかったら死んでいた、と考えます。しかし、曲者である家康は、そう考えません。面頬なんかつけるから、弾が飛んできたのだ、とそう考えるのです。

こうした無茶な話は、『葉隠』のなかには珍しくありません。次のような記述もあります。

ここでは、新田義貞が自分の首を切って土に埋めてから死んだという『太平記』のエピソードを引き合いに、以下のように断じています。

出しぬけに首を打ち落とされても、一働きは十分にできるものだ。……こういうことは、なにかやってやろう、というただ一念をもつだけのことなのだ。武勇のためには、怨霊にも悪鬼にもなってやるぞ、というすさまじいほどの思いを心にもてば、首が落ちても、死ぬはずがない。（二ノ五二）

真っ黒な炭になって燃え尽きても……

さらに、大野道賢という武士の以下のようなエピソードも紹介されています。

大坂の冬の陣の和睦後、家康が堺の町を残して大坂を焼き払うという事件がありました（『葉隠』七ノ六七）。大坂方の道賢は、堺の町を残したのをなにか家康のはかりごとだと思い、つづいて夏の陣が開戦すると、なんと自ら堺の町を焼き払ってしまったのです。

大坂落城後、それをうらみに思った堺の町の町人が、家康から道賢の身柄をひきとり、火あぶりにします。


遠火であぶってうんと苦しむようにしたが、道賢は身じろぎもせず焼け死んだ。そこで、火の始末を始めると、真黒に焦げた道賢が検使にとびかかり、その脇差しを抜きとって、一突きで突き殺すと、たちまち灰となって崩れ落ちたという話である。（十ノ五六）

こうした論理を超越した力を発揮しよう（実際できるかはともかく）とするものが、曲者であり、武士なのです。そして、こうしたエピソードを『葉隠』に載せた常朝もこう言いたいわけです。

〈このぐらいの気力で生きろよ！〉

と。しかし、現代の常識的でロジカルな世界に生きるわれわれは思うわけです。

〈そんな話、ウソに決まってるじゃないか！〉

たしかに、最初の家康のエピソードぐらいは実際あっても不思議ではありませんが、首を切られてからもう一働きするやら、炭になってから刺し違えるなんてエピソードは、われわれにとっては与太話にしか思えません。

それに対して、もう一言、常朝に反論させればこうなるでしょう。

〈そんなの、やってみなくちゃわからないだろ！〉

そもそも常朝の武士道というのはどういうものだったでしょうか。

武士道というのは、まさに死ぬことである。分かれ道があれば、早く死ぬほうを選ぶ。それだけのことだ。覚悟して、ただ突き進むのみである。（一ノ二）

正気で大業はなせない。物狂いになり、死狂いになるのだ。また、武士道において、分別が出てくることは、すでに人におくれをとっているということなのだ。（二ノ一一四）

とにかく首を切られても、炭になっても戦うのです。もしうまくいかなくて「当てが外れて死ぬのは犬死にだ」などという分別は、『葉隠』の理想とする武士道ではお呼びでないのです。結果として、できなくてもいい。やろうとすることが大事なのです。

それに、自分がもし斬り合いでもしているとして、「死んだらおしまいだ」と思っている相手と、「首ぐらいなくなっても刺し違えてやる」という相手と、どっちがコワイですか。

こういう信念の力というのは、実際の結果にだって影響するのです。

3　信念と気力で戦え！

おのれに勝ち、一歩踏み出せ！

先ほどの例を見てもわかるように、常朝の言う武士とは、論理を超えた曲者のことです。そして、戦場や決闘における武士同士の戦いもまた、いかに曲者になるかの戦いです。

長浜猪之助の物語ったこと。武術の極意は、身を捨てて斬りかかることだ。ただ、向こうも身を捨てて斬りかかってきた場合、互角の勝負となる。そこで勝つには、信念と時の運が必要となるのだ。（十一ノ四六）

成富兵庫の言ったこと。敵に勝つというのは、まずは味方に勝つことである。味方に勝つということは、自分に勝つことである。自分に勝つということは、気

力をもって自分の生身に勝つということである。(七ノ一)

中野神右衛門は「武術など習っても無益である。そんなものを習っても、実際の戦場では、目をつぶって一足でも敵方に踏み込んで、斬りかかれなければ、役には立たぬ」と言った。(十一ノ六〇)

本当の命ギリギリの真剣勝負においては、信念と気力のみが問題なのであり、系統だった武術など役に立たないと常朝は考えていました。

まあ実際のところ、常朝は戦場や斬り合いの場になど身を置いたことがないのですから、机上の空論と言えば、そうなのですが、以上の言葉を見てもわかるように、実際に戦を経験したような武士たちもやはりそう考えていたようです（ちなみに、最後に出てくる中野神右衛門は、常朝のおじいさんです）。

「畳の上」でも無茶を言え！

こうした信念・気力の戦いというのは、戦場だけの話ではありません。むしろ『葉隠』の説く武士道の醍醐味は、先にも述べたように「畳の上」にあります。

武士は「畳の上」においても曲者でなければならないのです。「畳の上」で論理を超越した力を発揮した例を見てみましょう。

佐賀藩の中野数馬（常朝の一族の総帥）が主君・鍋島綱茂に切腹を命じられた者の助命嘆願をしたときの話です。


数馬は、殿の御前にまかり出て、「この者どもをお助けくださるように」と申し上げた。これをお聞きになった殿は、大いに立腹されて、「話し合いを尽くしたうえで切腹を申しつけたのだ。なにか助けるべき理由があって言うのか」と仰せられた。数馬はそれを聞いて「理由はありませぬ」と申し上げた。理由もないのに助けろとはふとどきではないか、とお叱りになったので、その場は引き退がったが、また御前に進み出て、「この者どもをなにとぞお助けくださるように」と申し上げた。そこで以前と同じくまたお叱りを受けて引き退がり、また進み出て、同じようなことを七度までも繰り返し申し上げた。そこで殿もついに聞き入れ、「理由がないというのに、七度まで申すことであるから、助ける機会がきているのだろう」とすぐに考え直され、お許しになられた。このような例は、数多

くあるものだ。（一ノ一三七）

相手を説得する際、理由を聞かれて「ない」と答えるのは、一見ムチャクチャな話です。

では、この話の場合、数馬はなぜこんなことをしたのでしょうか。

この話には、二通りの解釈があると著者は思います。

まず一つ目。なにか言うにははばかられるような理由だったことも考えられます。主君の恥となるような、そういった種の話だったのかもしれません。

もしくは、二つ目。人間には、理由はうまく言えないが腑に落ちないこと、違和感を覚えることがあります。こういう場合、人間はまず理由を言語化（論理化）しようと努めるものですが、それでも「理屈では正しいのだが、どうも賛成しかねる」という状態に陥ることもあります。

このエピソードにおいても、切腹を申しつけるにあたって話し合いは尽くしたようですから、ちゃんとした理由があるのです。にもかかわらず、中野数馬は止めた。言葉にできない強い違和感を感じたのかもしれません。

しかし、以上の二つどちらのパターンだったにせよ、それを説得するのに中野数馬は、いっさい論理は使わず、「何回でも言う」という非論理的な方法をとりました。

言葉にできない理由があり、それが信念から外れたものでない（これは『葉隠』では前提です）と確信できれば、理由など言う必要がない。

こういう考え方は、現代人にとってはある種コワイものです。

なぜなら、こういう人間はこちらから説得することもできないからです。お互いがこういう人間なら、まさに信念と気力だけで勝負が決まることになるでしょう。

この場合で言えば、「畳の上」の真剣勝負において数馬は主君に勝ったのです。まずは信念と気力がベースにあり、その上に論理はあるのです。これこそが、『葉隠』における武士のかたちです。ですから、次のような話も出てくるのです。

先年、重要な会議があったときに、ある者は自分の意見が容れられない場合は、頭取（ちょんまげ）をも斬る覚悟で、その意見を通したことがあった。それが実施されるとき、またその者は、「あまりに早く承知されたので、このようなことでは殿の側近の方々が、いかにも人材不足で頼りないように思われます」と述べたそうだ。（一ノ七六）

〈こんな簡単に引き下がるようでは、あんたらの信念と気力はたかが知れてますな〉

ということです。

『葉隠』において武士というものは、戦場であれ、畳の上であれ、信念と気力をもって論理を超えて行動する人種です。そして、そうした人種を「曲者」と呼んだのです。

われわれも『葉隠』から生き方を学ぶならば、強い信念と気力をもった曲者を目指すべきでしょう。

4　大高慢の心をもて！

気力を出すためのコツ

ここまで読んできて、読者のなかには
〈気力を出せと言われても、どうやって出したらいいかわからないよ〉
という人もいるでしょう。常朝なら「いいから気力を出すんだよ！」と言いそうなものですが、意外なことに『葉隠』には、ちゃんと気力を発揮するためのコツが繰り返し書いてあるのです。

そのキーワードは、「大高慢」です。「大高慢」とは「誰にも負けないぞ」と自信満々であることです。

武士たる者は、武勇にかけては誰にも負けぬという大高慢の心を抱き、つねに死狂いの覚悟をもつことが肝要である。（二ノ三九）

一門や同じ組で、介錯や捕物など武士道にかかわることがあったとき、ふだんから自分以上の者はいないというほどの覚悟を決めておけば、人の目を引き選び出されるものだ。いつも武勇の人を乗り越えようと心がけ、誰それにも負けはせぬと思って、勇気を身につけるべきである。（一ノ一六二）

戦場においても、人に先を譲るものかと思い、敵陣を打ち破りたいとだけ心がけておれば、人におくれをとることなく、心も気力も勇猛になり、武勇をあらわすことができると、古老たちが申し伝えている。また、討死にしたときでも、その死骸が敵のほうを向いて倒れているような覚悟をもつべきだ。（一ノ一六三）

（常朝自身）なんの徳もない人間で、目立った奉公もせず、戦場に出たこともないが、若いころからひたすら「殿にただ一人真の家来がいるとすれば自分だ、真の勇者は我一人である」と、骨の髄まで思い込んでいたせいか、どんな賢い人でも、またお役に立つ人でも、自分を見下すようなことはできなかった。（二ノ六三）

常朝は、武士として自分の気力を百パーセント発揮するためには、この思い上がり、大高慢の心こそが大事だと考えていたようで、こうした記述は上の例だけでなく『葉隠』のなかに無数に出てきます。

さらに、常朝は知り合いに実際にこのように言い放っていたそうです。

お家（鍋島家）がつぶれることは永久にありません。なぜなら、これから何度でもお家の武士として生まれ、お家を私一人でもちこたえさせるからです。（二ノ七八）

自信満々なのではありません。つとめて自信満々になるのです。

しかし、これは信念を大きくもてということであって、思い上がって人の意見や失敗から学ぶな、ということではありません。一日ずつのことでは、自分の非を知り、つねに向上していく姿勢が必要なのです。

武勇にすぐれた者と美少年は、自分こそは日本一だと大高慢でなければならない。しかし、道を修行する一日一日のことでは、おのれの非を知ってこれを改め

――る以外にはない。このように分けて考えないと、埒があかない。（二ノ三二）――

現在に話を置き換えれば、たとえばサラリーマンなら、「この会社は俺一人で背負ってみせるぞ」ぐらいの気持ちがなくてはいけないということです。

念のために言っておきますが、「こんな会社、どうでもいいよ」はダメです。その会社もあなたが選んだのです。そして現にあなたの会社なのです。イヤなら辞めればいいのです。辞めもせず、愚痴を言いながら中途半端にしがみついているような状態では、気力など発揮のしようがありません。

とにかく、気力を発揮したければ、いますぐ大高慢の心をもつべきです。

では、もっとどうなるのか。

大高慢の効用❶――萎縮しなくなる

まず、なにごとに対しても萎縮しなくなります。

よくスポーツなどで、「大舞台の緊張で実力が発揮できなかった」と言うのを聞きますが、あれはつまり「自分に対して舞台が大きすぎるのではないか」と思ってしまうからなのです。

そして、またよくトップアスリートが大舞台に臨んで言う「この舞台を精一杯楽しもうと思って」というのは、楽しめるほどの大きな心をもとう、つまりは「大高慢」の心をもとうということなのです。ビッグマウスと言われるスポーツ選手もそうです。

とにかく自分を目一杯ふくらませて、心を大きくもつことは、真剣勝負に臨むにはぜひ必要なことなのです。

どんな厳しい課題があっても、「おもしろい。俺にふさわしい晴れ舞台じゃないか」と思える人は、実力を発揮できますし、それこそ「楽しんで」日々を過ごすことができることでしょう。

大高慢の効用❷——大きな仕事を任されるようになる

むろん「我こそは……」という意気込みをもつということは責任も出てきます。

たとえば「我こそは世界最強のボクサーである」と大高慢の心をもつボクサーには、世界タイトルマッチまでたどり着き、そこで勝利する責任が出てくるのです。そうした場を避けて、ただ「我こそは……」と言っているのは、たんなる卑怯者です。

奉公人は、ただ奉公に打ち込めばいいのだ。大きな仕事を、危ない、失敗するかもしれない、と思って逃げたがるのは、敵に後ろを見せるのと同じで卑怯である。その役を命じられて、心ならずも失敗するのは、戦場における討死同様と考えるべきだ。（一ノ一六〇）

これを逆に言えば、大高慢の心をもつ人は自然と大きな仕事に取り組むことが多くなるということになります。なにしろ断らないわけですから。

それに大高慢の心をもつ人は、見た目も自信ありげに見えますから、頼む人もそういう人に頼むでしょう。

おのれの勇ましさをしっかりと心に抱き、迷いなく覚悟していると、いざというとき、真っ先に選び出されるものだ。こうした覚悟は、日ごろの振る舞いや物言いなどに自然にあらわれてくるものだ。（一ノ一一九）

むろん、大きな仕事を頼まれることが多いということは、自然と失敗も多くなるということです。生身の人間なのですから。

しかし、これは常朝に言わせれば「戦場における討死」と同じで決して恥にはならないのです。むしろ、利口ぶって難儀な仕事を避けることこそ、恥とすべきなのです。

だからこそ、常朝は失敗には寛容です。むしろ、一度も失敗したことのない人間は信用できない、とすら考えているようです（常朝が失敗についてどう考えているかについては、第7章で詳しく扱います）。

5 生き方のルール「四誓願」とは？

三日坊主にならないために

常朝は、「奉公人」としての武士道を生涯貫くための四つのルールを明文化して示しています。

それは『葉隠』冒頭にある「夜陰の閑談」に載せられています。

すべて修行というものは、大高慢でなければ役に立たないものだ。自分一人でお家の安泰を支え続けるというほどの姿勢で臨まねば、どんな修行も物にはならない。また、人の心は熱しやすく冷めやすいものだ。しかし、それには冷めぬ方法がある。われら一統の誓願として、
一、武士道においておくれをとらないこと。
一、主君のお役に立つこと。

一、親に孝行すること。
一、大慈悲心を起こし、人のためになること。
の四つの誓願がある。この四誓願を毎朝神仏に向かって念じるならば、二人力の力を得て、後ろへ引くようなことはなくなる。尺取虫がはうように、少しずつでも前へにじり出るものである。（夜陰の閑談）

四誓願の完成するには、こう考えたらよい。まず「武士道において絶対におくれをとらないこと」とは、武勇を天下に示すと覚悟することである。そして、「主君のお役に立つこと」とは、家老の座について主君を諫《いさ》め、国を治めることだと思えばよい。「親に孝行すること」の孝とは、忠に付随していて、同じ性質のものだ。「大慈悲心を起こし、人のためになること」とは、あらゆる人を主君のお役に立つ者に仕上げていくことというふうに心得たらよろしい。（一ノ一九）

「夜陰の閑談」の「人の心は熱しやすく冷めやすい」というのは、まさにわれわれのことであり、おそらく常朝自身のことでもあるのでしょう。

一度決心した生き方、信念であっても、日々の生活のなかで徐々にあやふやになっていくものです。

それを防ぐために、常朝はまず『葉隠』という本の冒頭に、このように明文化した掟をかかげ、それを毎朝思い出すことをすすめているのです。

これは、大げさなことのようですが、じつはわれわれが日々自然とおこなっていることです。

自分のルールをさけべ！

小学校などでも、教室に「お友だちに『くん』『さん』つけて、みな笑顔」などと生活態度の注意の張り紙があるものですし、社訓を朝礼で唱和する会社も多いでしょう。

これはすべて、ルールなどを明文化し、日々思い出すことで三日坊主にならないようにするための工夫なのです。これを個人のレベルでやろうというのが、常朝の言いたいことなのです。

ですから、常朝流の生き方をするならば、自分の信念を明文化し、張り出すなり、毎朝唱えるなりしてもいいかもしれません。

とはいっても、「ちょっと大げさすぎて、そういうのはイヤだなあ」という人もいるでしょう。正直、著者だってそんなこと、しちゃいません。むろん、「こういうことをすればカッチリ生きられるんだろうな」とは思うのですが。

しかし、大丈夫です。『葉隠』には、もっと手軽なアプローチが書いてあるのです。しかも、こちらのほうが応用も利きそうです。

6 気力 vs. 肉体

自分のなかにある二つの部分

『葉隠』には、自分の行動をチェックし、軌道修正するためのコツとして以下のような記述があります。

「心の問はばいかが答へん」という句は『後撰和歌集』の「無き名ぞと人にはいひてすぎなまし」に続く下の句であるが、この句ほどありがたいものはない。大きく言えば、念仏にも並ぶほどだ。……この句で内心をつきつめてゆけば、邪念を隠す場所などなくなってしまう。喩えれば、よい取り調べ役人のようなものだ。この取り調べ役人に出会っても恥ずかしくないような心をもちたいと思う。（一ノ四〇）

気力さえ強ければ、言葉遣いでも身のおこないでも自然と道にかなうようにはなるものだ。これを見て人は立派だと言うだろう。それでも、自分自身の心から問われたとき、一言も返せないものだ。「心の問はばいかが答へん」という下の句は、すべての道の極意ともいうべきものである。よい見張り役である。(二ノ一三三)

「無き名ぞと人にはいひてすぎなまし心の問はばいかが答へん」は『後撰和歌集』の歌で、「すぎなまし」の部分が「ありぬべし」になっているバージョンもあるようです(元は人目を忍び女のもとに通う男への歌。「人に問われても、根も葉もない噂だと言ってごまかすことはできます。ただ自分の心に問われたら、なんと答えるのですか」の意)。

とにかく常朝は下の句の「心の問はばいかが答へん」を重視しました。つまり、自分の内心に恥じるところがない、ということが生き方の根本だと考えたのです。

気をもって体に勝て！

これは、わかりやすい話です。

「ダメだとはわかってるんだけど」というのは、われわれにはよくあることでしょう。わかっているなら、やってはいけないのです。

むろん、ダメだとわかっているにもかかわらずやるための理屈はいくらでもつくでしょう。しかし、そうした理屈を超えておのれを律するのです。この章の「信念と気力で戦え！」の項目で引用した条をもう一度見てみましょう。


成富兵庫の言ったこと。敵に勝つというのは、まずは味方に勝つことである。味方に勝つということは、自分に勝つことである。自分に勝つということは、気力をもって自分の生身に勝つということである。（七ノ一）

ダメだとわかっているなら、決してやらないこと。そして、やらなきゃいけないとわかっていることは、必ずやること。

これこそが「気力をもって自分の生身に勝つこと」、原文で言う「気をもって体に勝つこと」です。つまり、自分のなかの身体的欲望や怠け心など、外的要因に影響を受けてしまう「体」の部分に「気」で打ち勝つということです。

たとえば、ある書類を書くのに、自分で期日を区切ったとします。この期日は、余裕をもったもので、守らなければ誰かに迷惑がかかるという種類のものではありません。

そして、その期日の日。どうも書くのに手間どり、時間も遅くなってきました。こうなってくると、いろいろな考えが頭をよぎります。

「今日は打ち切って、明日考えたほうがいいアイデアが出るかも」「この期日だって自分で勝手に決めたものなんだから、明日でいいんじゃないか」「明日できることは今日やらない、なんて言葉もあったよな」

こういう言葉は、いわば自分のなかの「体」の声です。これらの声にも一理はあります。

ですが、自分でも本当はわかっているはずなのです。「やったほうがいい」と。これこそが自分のなかの信念の部分、「気」の部分です。つまりは、そうした「気」の部分が「体」の部分に試されているのです。

人生とは、まさに「気」による「体」との戦い。むろん、「気」が「体」に敗れることも多いでしょう。しかし、その勝率を上げていくことこそが、『葉隠』の言う武士道なのではないでしょうか。

7 信念に狂え！

気力が弱いからなんだってんだ！

人生とは、「気」による「体」との戦いである。

しかし、「気」つまり気力というものは、本人の心がけ以上に生まれた時代、環境または教育によって育てられる面があることも否定できません。

江戸の太平の武士がどんなに大高慢の心をもっても、屍《しかばね》を踏み越え血煙のなかをくぐり抜けてきた武士の気力にはかないません。喩えれば、田舎ヤンキーがアフガンの傭兵の前でツッパっているようなもので、分が悪いことは否めません。

実際、常朝もこうしたことにある程度気づいていたようです。しかし、第1章でも書いたように、常朝は単純な懐古主義者ではありません。「昔の武士はすごかったなあ……」などとは言わないのです。

（昔の勇士は）気力が強いから、ふだんから手荒く、常軌を逸した振る舞いをしていた。最近の人間は気力が弱いから、そんな振る舞いをしない。しかし、気力は劣っても、人柄はよくなっている。そもそも、いざというときの勇気の有無は、ふだんの気力とはまったく別の話なのだ。最近の人間に気力がなく、おとなしいからといって、死狂いになることにおいて、昔の者に劣るいわれはないのだ。そんなことに気力は必要ない。（二ノ二二）

つまり、常朝は平常の気力と、いざ大事な場面で「狂」になれるかどうかは、まったく別問題だ、と考えていたようです。

なるほど昔からの武士の条件として、気で体に勝つ曲者であることは大切です。しかし、それだけですべてが決まるわけじゃない、要はここぞというときに「狂」えるかどうかなのだと。

第2章で扱ったように、「狂」というのは、現在の一瞬のなかで生死を含めた一切の打算をしないこと、現実的な条件に目をつぶってひたすら信念に沿って行動することです。

常朝に言わせれば、「狂」には生まれつきや時代など関係ないのです。

〈信念に狂え！〉

現代のわれわれは、常朝の時代の武士と比べても、さらに人柄がよくなり、さらに気力が弱くなっているのかもしれません。「気」だって「体」に負けがちかもしれません。その点で、武士らしさというものはなくなってきているのでしょう。

しかし、それだけで勝負は決まらないのです。ここぞというときに「狂」うこと。信念のために理屈や常識を飛び越えて行動すること。それさえできれば、昔の英雄・豪傑たちにだって負けない力を発揮できる。

そう常朝は言っているのです。

第4章

外見の飾り方、内心のあらわし方

1 他人から見た「私」が大事

内面と外見

常朝は、いままで見てきたように、気力または「狂」という内心のあり方オンリーで人生を切り開いていこうという考え方をもっています。そして、内心のあり方は外見もまたつくると考えています。

一見したところにも、その人のすぐれたところが威厳としてあらわれるものだ。謙虚な姿に威厳が、物静かなところに威厳が、口数の少ないところに威厳が、また、礼儀正しいところに威厳が、所作の重々しさに威厳が、ぐっと奥歯を噛みしめ眼光鋭いところにも威厳がある。これはみな、内が外にあらわれたものである。つまりは、気を抜かず、真剣に生きているということが根本である。（二ノ八九）

役目などを仰せつけられたとき、内心でうれしく思い、自慢する気持ちがあると、そのまま顔に出るものだ。そんな人間を何人か見たことがある。見苦しいものだ。……自分の欠点を知っている人は、それが言葉に出ずとも、顔にあらわれ、いかにも謙虚な感じに見えるものである。（一ノ七一）

これはいままでの常朝の考え方を見てくれば、当然の結論であり納得できます。しかし、それとはちょっと趣の違う考え方も『葉隠』には紹介されています。前章のはじめに見た常朝の父・神右衛門の教訓のうち最後の一つを再び見てみましょう。

一、武士は食わねど高楊枝。内は犬の皮でも、外は虎の皮。（一ノ六〇）

素直に解釈すれば、人の目に触れるようなところは、いかに内側が貧しくとも飾らなければいけない、という意味になります。つまり、内面とは別に外見は外見で、やはり飾らなければいけない、というのです。

葉隠流ファッションチェック

そこで、『葉隠』では外見というものについてどう考えているのか、記述を見てみましょう。武士の身だしなみについて、以下のような記述があります。

五、六十年以前までの武士は、毎朝、行水し、髪を整え、髪には香の匂いをつけ、手足の爪を切って軽石ですり、こがね草で美しく磨き、怠りなく身なりに気を配った。もちろん武具一揃いにも錆《さび》をつけず、埃を払い、磨き立てておいたものである。身なりに格別気を配ることは、いかにも格好つけているようだけれども、これは洒落者を気どっているのではない。今日こそ討死かと、必死の覚悟を決めているのである。もしぶざまな身なりで討死するようなことがあれば、ふだんの覚悟のほどが疑われ、敵に軽蔑され、卑しめられるので、老いも若きも身だしなみをよくしていたのである。（一ノ六三）

常朝の言う五、六十年前までの武士というと、つまり江戸幕府ができるまでの戦国武士のことを指すと思われます。大坂の陣において二十三歳で討ち死にした木村重成の首が、家康の元に届けられると髪から香の香りがしたという逸話などもありますから、少なくとも理想像としては、そういう身ぎれいさは、武士の条件だったのでしょう。

常朝の考えでは、こうした身だしなみはいざというときの覚悟を平生から固めておくための手段であり、その覚悟を「他人」へアピールする手段でもあるのです。

つまり、武士道とは、自分の内面だけでなく、「他人」からの視点も重視する生き方なのです。

あなたがいてボクがいる

「私」というものが存在するとき、そこには必ず「他人」というものがあります。「他人」からどう見られるか。

これは「私」の半面として、必ずついて回るものなのです。

『葉隠』では、内面が気力で充実していると同時に、そう「見える」ことが大事だと説きます。こうした視点は、武士の伝統的な考え方だったようです。

野戦での手柄というのは、時の運である。むしろ、大事なのは、陣屋での心がけだ。ちょっとでも敵陣に近い場所にいる者は、みんなから剛の者だと見られるものだ。陣で夜に雑談などするときも、敵陣に近い陣屋に行ってするものは剛胆に見え、後ろの陣屋へ行ってする者は、それだけで臆病者に見える。若い者たちの心得ておくべきことだ。（七ノ三六）

他人は、「私」のことを発言と行動、見た目で判断します。よく「見た目で判断しないでよ」という言葉を聞きますが、あえてむきになって反論すれば、われわれは他人について、外見や言葉、振る舞い以外のなにもわからないのです。

では、なぜわれわれは他人の気持ちについてわかるような気がするのでしょうか。たしかにわれわれが日々目にする他人は喜んだり、悲しんだり、怒ったりしているように見えます。これはどういうことなのでしょうか。

他人の心はわからない

二十世紀初頭の哲学者にフッサールという人がいます。

彼は、現に目の前に見えたり、感じられたりするものを「現象学」という考え方で整理しなおした人なのですが、他人の内面について以下のように説明しています。

「私」は、他人の発言、振る舞いを聞いたり見たりします。

これだけでは、相手の内面はわかりません。そこで、この目の前の他人の発言、振る舞いを自分がしているときの自分自身の内面を思い出し、それを頼りに他人の内面を構成しているのです。そして、その他人の内面は、続けてあらわれてくる他人の振る舞いの一貫性によって、さしあたりの正しさを保証されることになります。

たとえば、目の前で怒っているように見えた人が、次の瞬間に灰皿を投げつけてくれば、「やはり怒っていたのだ」と保証されますし、反対に直後に「ウソピョーン！」と言えば、「さっきは怒っていなかったのだ」と訂正されるわけです。

しかし、いずれにしても相手の内面というのは、つねに相手の外見から自分の内面を手がかりに推測されつづけていくもので、絶対に正解はわからないもの、というより、決して知りえない以上、正解というものを想定すること自体、意味がない。

これが、フッサールの説明です（ものすごく嚙み砕きましたが。詳しく知りたい方は、彼の著書『デカルト的省察』などを読むといいかもしれません）。

以上のことから、なにがわかるか。

相手もこちらの内面を外見からしか判断できないのです。

昔の武士は、フッサールなんか知りませんが、しかし、このことに気づいていたわけです。大事なのは「見え方」だと。だからこそ、先ほどのように剛胆に「見える」行動に気を配ったわけです。

人間関係の大切な「畳の上」で武士道を貫こうとする常朝にとっては、昔の武士以上にこれは大切な視点だったのでしょう。むろん、社会生活を営んでいるわれわれにとってもです。

2　見ばえを気にするのが武士道

顔つきがダメなやつはダメ

常朝は顔つきや格好などに気を配るようにすすめます。とくに顔つき、人相は、その人の内面がダイレクトに反映するものと考えられていたようです。

人相を見ることは、大将たる者のもっとも大切な要素である。楠木正成が湊川《みなとがわ》で子の正行《まさつら》に与えた一巻の書には、目ばかりが書いてあったと言い伝えられている。人相にはなにか秘められた大事なことがある証拠だ。（一ノ一〇四）

武士は、「いざ！」となれば、気力、もしくは「狂」の力を極限まで試される戦場におもむく立場の人たちです。ですから、その「いざ！」というときになって、逃げ出すような内心の持ち主とはつきあっていられません。

武士は、他の武士の外見からどうにか内心を探ろうとします。その代表的な試みが「人相を見る」というものなのです。

北条安房守氏長殿が、軍学の弟子たちを集め、そのころ江戸ではやっていた人相見を呼んで、剛胆か臆病かの人相を見させた。「剛と言われた者はいよいよ励め、臆と言われた者は命を捨てて励め。どちらにせよ、生まれつきのことであるから、少しも恥ではない」と言って一人ひとり見させた。そのとき、広瀬伝左衛門、十二、三歳になっていたが、人相見の前に座ると、声をいからせて、「おのれ、この俺に臆病の人相ありなどと言ったら、ただ一刀に斬り捨ててくれる」と言ったそうである。(十ノ一二九)

この話の伝左衛門の振る舞いなど、一見理屈になっていないようですが、「内心が外見にあらわれないこともあるじゃないか！」という至極真っ当なメッセージだともいえます。

しかし、現在でも「アイツはずるそうな顔してるもんな」「優しさが顔ににじみ出てるよ」などというように、顔つきと性格になんらかの関連があるという考え方は根強いものです。

ちゃんと鏡を見ろ！

現実にそういう考え方があるのならば、「顔で人を判断するなよ」と愚痴るのではなく、それを死に物狂いで乗り越えるのが『葉隠』の武士道です。その証拠に、常朝は顔つきすら変えているのです。

『葉隠』には以下のようなエピソードがあります。常朝が十三歳のときのことです。

> 一門の人々がかねがね言うには、「この子は利発そうな顔をしているから、そのうち失敗するだろう。殿様がとくにお嫌いになるのは、利発そうに見える者だ」と言っていたので、このときに自分の顔つきを直してやろうと決心し、いつも鏡を見ては直して、一年過ぎて出仕したところ、人々に病み上がりかと言われた。こうしたことが奉公の基本かと思う。（一ノ一〇八）

常朝にとっては、（奉公人という）信念のためには、顔つきすら直すことが大切なのです。

とはいっても、これは例として極端すぎるかもしれません。しかし以下のような記述についてはうなずけるでしょう。

風体の修行には、つねに鏡を見て直すことだ。これが秘訣である。人々は鏡をよく見ないから、風体がよくないのだ。また口上の稽古ならば、自宅での話し方から直せばよい。文章を書くための修行は、一行の手紙を書くときでもそれを練ることとである。以上かかげたすべてに共通することは、静かでありながら強さがにじみ出ているのがよいということだ。また、手紙の場合は、送った先で掛け軸になるものと思えと、宗秀和尚が上方にいたとき聞かされたそうである。（一ノ八九）

外見で判断されるなら、それについて細やかな努力を怠らないのが武士なのです。朝の出勤前に鏡をちゃんと見、自宅での話し方から気をつかい、一行のメールでも丁寧に送る。これは意外に武士道なのです。

3 『葉隠』流コミュニケーション術

弱音を吐くな！

先に述べたように、他人にとっての「私」のすべては外にあらわれるものです。だからこそ、常朝はその口にする言葉一つとっても、非常に気を配り、また人にも気を配るようにすすめます。

武士は万事に気をつけて、少しでも人におくれをとるようなことを嫌うべきだ。とくに、物の言い方には注意しないと、「自分は臆病だ」「そのときは逃げますぞ」「恐ろしい」「痛い」などと言うことがある。冗談にも、戯れにも、寝言にも、でたらめ言にも言ってはならない言葉である。思慮の深い人が聞くと、心の底が見すかされるものだ。平素から十分に注意しておかなければなるまい。（一ノ一一八）

武士は、かりそめにも弱気なことは言うまい、また為すまいとふだんから心がけているべきである。ちょっとしたことで心の奥底を見すかされるものなのだ。（一ノ一四三）

極論すれば、臆病者、卑怯者と思われれば、その人は臆病者であり、卑怯者なのです。まあ極論ですが。

「性格」というのは、他人にとってはその人の発言や行動の傾向を指す言葉です。臆病な言葉を言ってしまえば、その人は臆病者と判断されざるをえないのです。「あのときはああ言ったけど、本当は違うんだ」などと思ってもダメです（そう口に出して弁解するならまだしも）。

なぜなら、「内面は外見にあらわれる」というのは、武士のテーゼなのです。

こう書くと、「あらわれないこともあるじゃないか！」という反論もあるでしょうし、まったくもってそのとおりなのですが、だからといって「内面は外見にあらわれない」というテーゼのもとでは、誰の内心（と推定するもの）もわからないということになるので、そもそもコミュニケーションが成り立ちません。

それでもいいという人はいいのですが、実際に人とつきあいながら「畳の上」でお勤めをしなければならない常朝は、そんな理屈をとるわけにはいきません。

武勇の花は言葉で咲かせる

昔のように戦場という表現の場さえあれば、ふだんどう思われていようが、そこで自分の気力なり武勇は証明でき、ふだんのイメージを一発逆転できたのですが、平和な時代では平素の身なりやふだんの言動に気をつけるよりしかたがないのです。

武士は、その場での一言が大切である。ただその一言に武勇があらわれるのだ。とくに平和な時代に武勇を証明するのは言葉だ。乱世でも、その一言で剛の者か臆病者かを見分けていたのだ。この一言こそ、心に咲く花である。口では説明しがたいものだ。（一ノ一四二）

奉公人は、その人の平素の身なり、物の言い方、筆づかいなどで他人に優《まさ》らなければいけない。身なりの根本は、時と場合を考えるということだ。これだけで立派なものだ。また、いまちょっとすぐれて見える人々は、読み書きの力がある

――からだが、他の多くの人々は簡単なことだと油断しているのだろう。（二ノ四三）――

こうした考え方は、武士における戦場のような非日常的晴れ舞台の滅多にないわれわれにとっても参考になるものです。

われわれが常朝流の人生を送ろうとするならば、常朝の言うとおり、武勇の花は言葉で咲かせるのです。

たとえば、あなたの職場で難しい仕事があったとします。誰も手を挙げようとしません。そこで一言、「ボクがやりますよ」と言う。これが武勇の花です。

他の人は言うかもしれません。「アイツ貧乏くじひいたぜ」「ご苦労なこった」と。

そういう言葉に耳を貸す必要はありません。そういう人は、腰抜けであり卑怯者だからです。わざわざ、そんな価値観に理解を示す必要はありません。

そのようにして繰り返し、あなたの武勇を外に向かって証明すれば、自然とあなたを認める人も出てくるでしょう。

第5章

上昇志向と向上心

1 「出世」の考え方

家老になれ

先に紹介した四誓願のうちに「主君のお役に立つこと」というものがありますが、その意味について、常朝は以下のように解説しています。

――「主君のお役に立つこと」とは、家老の座について主君を諫め、国を治めることだと思えばよい。（一ノ一九）――

一見意外なことのようですが、常朝は出世というものを積極的に追い求めるようにすすめます。むろんそれは、奉公人として、つまり、御家のためです。

――奉公の究極は、家老の座につき、殿にご意見申し上げるということだ。……私――

欲のために出世しようと、上のご機嫌とりをしてまわる者はいるが、こんなものは小欲で、家老になろうと思うことさえできないだろう。また、少し魂の入った者になると、今度は利欲を離れようと思うあまり奉公に消極的で、『徒然草』『撰集抄』などを読んでいる。俗世を避けて隠遁した兼好や西行などというのは、ただの腰抜けの臆病者なのだ。武士としての働きができないから、間抜けたふうをしてごまかしているのだ。……いやしくも侍ならば、出世争いのまっただなかは言うにおよばず、地獄のまっただなかにでも恐れず飛び込んで、主君のお役に立たなければならない。（二ノ一三九）

名利の心の薄い武士は、かならずやひねくれ者となって他人をそしり、思い上がっているわりには役に立たず、名利の心の深い者より劣る。いまの時代の役には立たない。（二ノ一五五）

先の章で、常朝が胸のうちに抱くようにすすめる大高慢の心というものを紹介しました。

大高慢の心とは、常朝で言えば「自分一人で御家を支えてみせる」というものです。

これはもっとつきつめれば、自分と御家を一体のものとして考えるということです。フランスの王・ルイ十四世は「朕《ちん》は国家なり」と言い放ったそうですが、国王ならぬ軽輩の武士たる常朝がそういう信念で生きようとしたのです。

そして、もしこの信念を本気で実践するとすれば、「自分がエラくなって御家の中枢に入ることが最高である」という結論になるのは自然でしょう。

むしろ、目の前に御家を動かすことができる家老という身分がありながら、それを求めないのは怠惰であり、卑怯です。常朝にとって、自分の名利は御家の名利と一体なのです。

じつは、これこそが『葉隠』を通して学ぶことができる「信念をもつ」ということの正体です。

彼と我を一体化せよ！

この『葉隠』の説く生き方とは、いまで言えば、こうなるでしょう。

会社と自分を一体化する。家庭と自分を一体化する。子供と自分を一体化する。彼の名利は我が名利である。彼の害悪は我が害悪である。

　この場合の「彼」は他人でなくてもいいのです。たとえば、自分の理想像、つまり、「なりたい自分」でもいいのです。「なりたい自分」と一体化し、「なりたい自分」の求めるものを求め、嫌うものを嫌う。もし、そういう状態になったとしたら、どうなるでしょうか。もう「なりたい自分」になっているのではないでしょうか。

　むろん、これは信念の話ですから、ことは内心に限られます。外的な条件を左右することはできません。たとえば、「金持ちである自分」と「現実の自分」を一体化したところで、金持ちになるわけではありません。残念ながら。しかし、「金持ちになることができる自分」であれば、内心の話ですから自分と一体化できます。

　こうした生き方が、『葉隠』における生き方、信念をもって生きるということではないでしょうか。

たとえ叶わぬ望みだとしても

　とはいっても、御家と自分の名利を一体化した常朝も家老にはなれませんでした。結果は出せなかったわけです。そのことについての述懐が『葉隠』にあります。

奉公における究極の忠義とは、主君に諫言し国家を治めることである。下のほうでぐずぐずしているだけでは、結局たいした役に立つことはできない。だからこそ、家老になるのが奉公の究極なのである。自分のための名利ではなく、奉公のための名利を思うことだと思いいたって以来、私も「ならば一度でも家老になってみせよう」と覚悟を決めたのだ。もっとも、あまり早い出世は、昔から好ましいものではないから、五十歳ごろから出世しようと決意し、一日じゅうその工夫や修行に骨を折り、紅涙とまでは言わないが黄色い涙くらいは出たほどであった。この間の工夫や修行が、すなわち「角蔵流」である。ところが殿がお亡くなりになったときに、ふだん偉そうにしていた者たちが、臆病風を吹かし、世間の評判を落としたため、私もこのように俗世から離れることになった。（二ノ一四〇）

「もっとも、あまり早い出世は、昔から好ましいものではないから、五十歳ごろから出世しようと決意し」というくだりは、周到な「覚」の武士道を説く常朝なりの未来設計だと言えば言えないこともないでしょう。『葉隠』のなかには、早すぎる出世を戒める記述も多いのです。

しかし、ここを読んだほとんどの読者のみなさんと著者の感想は同じです。

きっと負け惜しみでしょう。

こうした常朝の未来設計は、赤穂浪士について「主君が討たれて、敵を討つまでのあいだが長すぎる。もしもそのあいだに吉良殿が病死でもされたときにはどうにも残念なことになるではないか」と言い、「唯今がその時、その時が唯今」と言う常朝にしては悠長すぎるきらいがあります。

ただし、常朝は口だけの男ではありません。その「国を動かしたい」という信念は本物だったようです。その証拠に、主君も常朝のことを軽く見ることはできなかったようです。

主君になんとも思われないようでは、大きな奉公はできない。思い込んだ覚悟があれば、それが主君にも伝わるものである。お叱りを受けるときでも、他の人なら殿の口からひどい言葉が出るものだが、私は一度も悪口を受けたことはなかった。若殿は、私のことを、主人を見限るかもしれないような者だ、と何度も仰せられたが、それで本望だと思っていた。(二ノ七六)

よく考えれば、いままで見てきたような生き方を貫く常朝を、主君といえども軽く見ることなどできるはずがありません。それどころか、すこし気圧《けお》されるところすらあったかもしれません。

それは、会社で部下にこういう人物がいたら、と想像すればわかります。あなたの部下が、つねに文字どおりの命がけで仕事に取り組み、あなたに絶対の忠誠を尽くしてくれるとしたら。正直、ちょっとプレッシャーですよね。

しかし、それでいいのだと常朝は言います。

主君にも、家老や年寄り衆にも、少し遠慮されるような人間でないと、大業はなせない。なんとも思われないで腰巾着のようになっていては、十分な働きなどできないものだ。いつもこの気持ちをもっていなければならない。（二ノ九四）

これは、われわれについても当てはまることでしょう。

部下としても上司になめられているようでは、歯車としての仕事しかできないでしょう。それなりの地位に就けなかったとしても、こちらの考えに耳を傾けてもらえるような環境をつくらなければ、能動的に仕事に打ち込むことはできません。

会社員なら、どんな仕事も上司を威圧するぐらいの気迫で臨まなければいけません。

ただし、常朝は日々の実務が気力と信念だけでなんとかなるとは、まったく考えていません。「事務も気力でなんとかなる！」とか「狂え！」だけでほったらかしたりはしないのです。

むしろ、常朝は『葉隠』のなかで具体的な処世術を豊富に載せています。常朝と処世術。この一見そぐわない感じの取り合わせこそ、第1章の冒頭で取り上げたような『葉隠』の奇妙な味を醸し出すもととなっているのです。

そこで、この章では常朝のそうした処世術を取り上げながら、常朝は世間とどのようにつきあっていたのか、そして、われわれがそこからなにを学びとれるのか、を述べていきたいと思います。

2 「角蔵流」仕事術

とっさの役に立つ「術」

先ほど引用した箇所に、「この間の工夫や修行が、すなわち『角蔵流』である」という記述がありますが、この「角蔵流」というのは、常朝が奉公の実践にあたってどういう考え方をもっていたかのキーワードです。

以下は常朝自身による「角蔵流」の解説です。

鍋島喜雲の草履とりに角蔵という者があり、その男がたいへん力わざにすぐれていたので、剣術者であった喜雲が、それを格闘術の一流派に仕立てて角蔵流と名づけ、人々に指南していたものが、いまも技が残っている。これは組打ちややわらなどという洒落た流儀ではない。私がおこなっている流儀も、そのように洒落たものではなく、泥くさいもので、草履とりの角蔵の格闘術のように、とっさ

——の役に立つものであるから、前から私のほうも角蔵流と言っているのだ。（二ノ二）——

「角蔵流」とは、おそらく常朝なりに身につけた日々の業務や人づきあいにおけるコツのようなものを指すと思われます。

きっと人一倍奉公に打ち込んだ常朝は、ふだんから同僚や後輩から仕事上の相談を受けることが多かったのでしょう。そこで「まあ、俺のやり方は角蔵流だからさ」なんて言っていたのかもしれません。

この「角蔵流」、今風に言えば自己流「仕事術」のようなものだと思います。

常朝は奉公の実践にあたっては、まさに「術」の人です。

この「術」という言葉。これを通じて考えることで、常朝の「角蔵流」という発想はよりわかりやすくなるのではないかと、著者は考えています。

そこで、少し寄り道を許していただければと思います。

「学」と「術」

古代ギリシャの哲学者・アリストテレスに言わせれば、人間の学びには「学」と「術」

という二パターンがあるそうです。

「学」とは、大雑把に言えば、学問的な研究。これは、これ以上さかのぼれないという確かな原理から、論理に従ってつくりあげられた体系を指します。こう言うと難しそうですが、数学をイメージするとわかりやすいでしょう。

このなかでは、すべてが論理的です。たとえば、一という数字を二にしたい場合、その答えには「一を足す」「二をかける」などハッキリとしたものが存在します。「実際に一を足してみるまでは二になるかわからないぞ」などといった心配は不要です。

一方、「術」というのは、現実にあるもっと個別な問題を解決するためのものです。たとえば、野球のピッチャーが「速い球を投げるにはどうすればいいか」という問題に悩んでいたとします。この場合、正しい答えというのは、現実にその人の球が速くなるまではわかりません。現実は複雑すぎて、数学の場合のようにハッキリした答えは存在しないのです。

ただ、経験豊富なコーチであれば、いままで選手を育ててきた体験から、「腕の振りをもっとこうすれば」「ここに筋力をつければ」とか、だいたいの目安というか方針があるのも事実です。

これが「術」です。この場合なら「投球術」とでもなるでしょうか。「術」とは、論理的な説明（「学」的な説明）はハッキリつかないけれども、現実にある程度役に立つもの、と言えるかもしれません。

アリストテレスの場合、「学」と「術」をそれぞれのやり方で重視しましたが、結局は「学」を「術」より上位において考えていたようです。

しかし、常朝はアリストテレスとは違います。

おそらく、純粋に理屈を追っていくような「学」などいらないと考えていたのではないでしょうか。第2章で扱ったように、常朝は儒教的な武士道を以下のような言葉で非難しています。

忠か不忠か、義か不義か、ちょうどいいかどうか、などと、理屈で判断をする姿勢がいやだ。ただ理屈抜きに奉公に打ち込み、ひたすらに主君を大切に思えばそれでよい。（二ノ一九六）

常朝には「義とは？」「忠とは？」と理ばかり追う（ように見えた）儒教武士道は、現実の問題を解決しない「学」の武士道に思えたのでしょう。

「本当に死ぬつもり」から生まれたノウハウ

常朝は『葉隠』のなかでは、奉公のための「術」を追究しています。それが「角蔵流」です。これは、常朝が日々の奉公の体験のなかから、気づいたコツといったものです。

これから、その常朝の「角蔵流」を紹介しようと思うのですが、ここで読む側としては一つの疑問が出てくるのではないでしょうか。

はたして、常朝という他人の導き出したコツがわれわれの参考になるのか。というものです。

こうした疑問は、じつは『葉隠』だけでなく、ビジネス書などすべての「術」を扱った書物にもたれてしかるべきものなのですが、それは置いておきます。

では、これをどう考えればいいのか。

「術」のなかにも、すぐれた「術」と劣った「術」があります。そして、すぐれた「術」とは、役に立つ確率が高く、応用できる幅が広いものを指します。

これを見分ける最良の方法は、言っている人が誰であるかを見ることです。なぜなら、「術」の命はこれが実際に役に立ってきたということにあり、それを見るには言いだしっぺ自身がその術でどんな人生を歩んだかを見るのが一番だからです。

そして、『葉隠』の著者は、気力と信念で奉公に打ち込んだ常朝なのです。言葉だけの「死ぬ気」ではなく、「本当に死ぬつもり」で奉公した男が書いた本なのです。

これは参考にする価値はあるでしょう。

3 習い事の根っこをつかめ！

習い事は習ってもムダ？

現代でも、自己啓発のために習い事を習ったりするものですが、常朝は習い事についてはあまり積極的ではありません。

武芸に夢中になり、弟子などをとって、それでひとかどの武士であると思い込んでいる人が多い。しかし、苦労を積んだあげくに武芸者になるなどというのは惜しいことである。すべて芸事というのは、ふだんの役に立つ程度に習ったらよいことだ。（二ノ七〇）

すべて芸事の修行は、武士道や奉公のためにしようと心に決めてするならば役に立ってよいものだ。しかし、たいていの場合、芸事そのものが好きになってし

まう。学問などというものはとくにその危険がある。（一ノ八〇）

第2章でも述べたように、常朝は儒教などの学問を嫌いました。簡単に言えば、理屈を述べるばかりで奉公のための「術」として役に立たないからです。

こうした考え方は、芸事、習い事でも同じことです。芸事、習い事というのも、現実に対処するための「術」としては、ある程度しか使えません。なので、奉公の役に立つ範囲での習い事以外は、常朝は認めないのです。

たとえば、武術。これなどいかにも武士の役に立ちそうですが、以下の記述を見るとそうとも限らないようです。

中野神右衛門は「武術など習っても無益である。そんなものを習っても、実際の戦場では、目をつぶって一足でも敵方に踏み込んで、斬りかかれなければ、役には立たぬ」と言った。（十一ノ六〇）

では、なぜ芸事は「術」として使えないのでしょうか。

想定外の事態に対応できない「術」

わかりやすく剣道を例に考えてみましょう。

ちなみに、以下の文章で、著者に剣道を貶《おとし》める意図がないことはあらかじめ述べておきます。というか、著者も小学校のときからの剣道愛好者です。

剣道を習うと、剣道がうまくなります（当たり前ですが）。

しかし、実際の斬り合いの役に立つでしょうか。

動作が似ているという点では、多少やっていない人より有利かもしれませんが、たぶん、ほとんど役に立たないでしょう。

それは剣道などの習い事には必ず枠組があるからです。使っているのは竹刀ですし、面と胴と小手しか狙ってはいけません。しかし、いきなり足を切りつけられたりするのが、現実の斬り合いなのです。

では、面と胴と小手に足を付け加え、竹刀の代わりに鉄パイプで殴り合う「スーパー剣道」を開発すればいいのかといえば、それも無意味です。相手は石を投げつけてくるかもしれませんし、相手は一人ではないかもしれません。「参った」と降参するふりをして、こちらが刀を収めたところで斬りかかってくるかもしれません。極端なことを言えば、次の日に待ち伏せされて斬られるかもしれないのです。

それに対して、「石を投げられたら」「相手が複数だった場合には」「相手が降参した場合は」「次の日の過ごし方は」などといくら付け加えたところでキリがないのです。

習い事には必ず枠組があり、現実には一切の制限はありません。だから、習い事は個々の技術に注目するかぎり、想定外の事態になると「術」として役に立たないところが出てきてしまうのです。

これは剣道だけでなく、どんな武術、また華道でも茶道でも同じです。

習い事のどこが「使える」か

では、習い事は習うだけムダなのでしょうか。そんなことはありません。

なんであれ一芸をもっている者は、芸者であって侍ではない。彼は侍であると言われるような心がけをもたなければいけない。少しでも芸事の心得があれば侍としての生き方に害になると知ったとき、はじめてどんな芸事も役に立つように

――なるのだ。このへんのことをよく心得ておくべきだ。(一ノ八八)――

習い事を習い事の枠組のなかで生かして生きる人は、芸者です。現代で言えば、習い事の先生やスポーツ選手などです。むろん、これはこれで立派な生き方です。

しかし、ほとんどの人は習い事自体を生活の糧にしたいわけではありません。それを生かして他にしたいことがあるはずです。常朝はそのことを言っているのです。現実に対処するとき、習い事で身につけた枠組にとらわれてはむしろ害になります。

斬り合いで足を斬られたときに「反則だ！」と言ったり、英語で会話をしていて知らない言い回しが出てきたときに「まだ習ってません！」と言ってもしかたがないのです。それでも対処しなければいけないのが現実なのです。

ただし、それぞれの習い事の根幹にあるコンセプト(奥義)や練習・稽古の場数のなかで養った心に注目するとき、やはりその習い事は役に立つのです。そういう根っこの部分は現実に対して応用が利き、「使える」のです。

多くの武術が礼節を重んじるのも、結局、現実に直面したときに大切になるのは、個々の技術ではなく、それが立ち合う敵であれ、和する味方であれ、「相手とどういう気持ちで接するか」だからです。

習い事を習うのなら、その根っこをつかむこと。これが大切なのです。そして、その根っこを踏まえて生きていけば、自分の抱えたオリジナルな現実に対して、より役立つ自分なりの「術」も見えてきます。これこそ、常朝が「角蔵流」と呼んだものなのです。

4 心に「道の絶えたる位」をもて！

いや、いけるだろ

常朝は人生で自分を磨いていく過程について、以下のような言葉を引用しています。

ある剣の達人が老後に次のようなことを申された。「一生のあいだの修行には順序というものがある。下の位は、修行しても物にならず、自分でも下手に思い、他人のことも下手と思う。これでは物の役には立たない。中の位は、まだ役には立たないが、自分の不十分さが見え、他人の不十分なところも見える。上の位は、技が自分のものとなり自慢の心も出、人が誉めるのを喜び、他人の不十分なところを嘆くという段階である。ここまでくれば役に立つ。その上の上々の位になると、知らぬ顔をしている。しかし、他人も上手だということをよく知っている。だいたいはこの段階までである。この上をさらに一段とび越すと、普通では行けない位がある。その道に深く分け入ると、最後にはどこまで行っても終わりはないということがわかるので、これでよいなどと思うことができなくなる。自分は不十分だということを深く考えていて、一生これで十分だと思うこともなく、また自慢の心も起こさず、卑下する心もなく進んでいく道である」（一ノ四五）

いきなり全否定するようですが、こんな順番を示されても、本来ならばわれわれにはなんのメリットもありません。われわれの心は、そんなに単純ではないからです。

その証拠に、先ほどの文章を読みながら、自分がどの「位」にいるか、考えてみてください。「中のような……、下のような……、場合によっては、上でもあるような……」と、一概に決められないのではないでしょうか。

というより、むしろ「下の位」、「中の位」、「上の位」、「上々の位」、そして「普通では行けない位」を含めて、すべての「位」は同時にわれわれの心にあるのではないでしょうか。

とはいっても、みなさんの心はのぞけませんからわかりませんが、少なくとも著者の心にはあります。

ですから、『葉隠』のこの箇所は、

〈こういういろんな気持ちが起こってくるけれど、一番大事なのは「自分は不十分だということを深く考えていて、一生これで十分だと思うこともなく、また自慢の心も起こさず、卑下する心もなく進んでいく」という、この心なんだよ〉

という、この言葉を紹介した常朝のメッセージと読むべきでしょう。

つまり、どんなに経験を積み、習い事でスキルを身につけても、人間にはつねに不足がある。この不足を知り、不足を埋めるべく努力する気持ちは、死ぬまでもたなくてはいけない。これが『葉隠』の説く自己啓発への姿勢です。

第6章

刀としての言葉の作法

1 口は慎め！

無口の効用

では、この章からは常朝が『葉隠』に残した「角蔵流」について、具体的に見ていきます。「術」というものは、まったく関係ないことには応用が利きにくいものですが、さいわい『葉隠』に載せられているのは、奉公のための奉公術です。大多数が奉公人的人生をおくっている現代のわれわれとしては、なかなか有益なものが多いでしょう。

常朝が「角蔵流」で重視していると思われるのが、コミュニケーションです。常朝は、日常の会話について非常に慎重な考え方をもっているようです。

世間で差し障りがあるような話はしないことだ。これは気をつけたほうがよい。世の中に、あれこれ厄介事があるときは、人々の心が浮き足だって、知らず知らずにそのことばかり噂をするものである。つまらぬことだ。悪くすると、おしゃべりと見なされるか、それでなければ、口をきいたばかりに、いらぬことで敵をつくり、遺恨が残ることになる。このようなときには、外出しないで歌などを考えていたほうがいい。(二ノ一〇二)

少し知恵のある者は、とかくいまの世を批判するものである。それが災いのもとだ。口を慎む者は、善政の世にはよく用いられ、悪政の世にも刑罰に処せられるようなことはない。(一ノ一三五)

噂話などの軽口は、いらぬ敵をつくることになったり、災いが身に降りかかるもとである、と常朝は考えていたようです。きっと、常朝自身が身に覚えがあったのでしょう。とにかく、無口が一番。これが常朝の会話術の基本です。

他人のことをとやかく言うのは、大きな間違いだ。たとえ誉めることでも似つかわしくないことである。それよりも自分の能力を考えて、自分の修行に精を出し、口は慎んだほうがよい。(二ノ一〇三)

それがたとえ誉め言葉でも、他人のことは言わない。Aさんを誉めたとたんに、「アイツ、Aさん派らしいぜ」と噂される場面なんかよくありますよね。ですから、無口が一番。やはり口は慎んだほうがいいのです。むやみな言葉は自分の弱みを見せることになりかねないのです。

常朝がそう考えていたことは、以下の口ゲンカ必勝法を見てもわかります。

口論のときの心得のこと。なるほどもっともな言い分だと折れてみせて、相手に言いたいだけ言わせ、勝ちに乗じて言いすぎたときに、その弱みをとらえて思うさま言い返すとよい。（十一ノ一〇）

常朝はきっと口論になると、このテクニックを使って相手をやり込めてきたのでしょう。ただし、隙を見せないためとはいっても、いつも黙っているわけにはいきません。言葉を発さなければいけない場面も出てくるものです。

そういうときには、どういうことを心がければいいのか。

仕事場での話は手短に

奉公修行中は、家でも、外でも、膝を崩して座ったことはなかった。そして、無口でいるようにした。どうしてもなにか言わなければならないときは、十言うところを一で足りるように心がけたものだ。（二ノ一二〇）

できるだけ話は短くまとめること。そして必要なことだけを話すこと。これが常朝の教えるもっともリスクのない会話術です。

とはいっても、これはあくまで「奉公」の場での会話術。われわれで言えば、仕事場での会話にあたります。応用するならば、仕事場ということになるでしょう。友人や家族との会話で、あまり無口になってもしかたがないですからね。

無口をすすめる常朝だって、『葉隠』全十一巻を語り下ろしたぐらいですから、つねに無口であったわけでもないでしょう。

2　失言とのつきあい方

あえて真面目な話をする

そして、会話のなかで悔やんでも悔やみきれないのが、失言の類。「言わなきゃよかった……」というのは、誰にもある経験でしょう。

常朝が無口をすすめるのも、要は失言を防ぐためなのですが、より具体的な失言防止法も『葉隠』には書いてあります。

興が乗るととめどなく話をすることがある。自分の心は浮ついていて、話にも真実味がなく、まわりの人からもそのように見えるものだ。そういうときは、すぐその後に実直な話を場に合わせて続けるとよい。自分の心にも実直さがよみがえってくる。軽いあいさつをするときでも、一座の様子を見たうえで人々の気を悪くしないように、少し考えてから話したほうがよい。（二ノ七〇）

われわれがもっとも失言の危機にさらされるのは、雰囲気に飲まれてハイになっているとき、俗に言う「調子に乗っている」ときです。

そんな危険な状況で失言を防ぐために常朝がすすめるのが、「わざと真面目な話をする」という方法です。

つまり、会話の雰囲気が浮ついているからこそ、自分も調子に乗ってしまう。ならば、わざと真面目な話をして、空気を変えてしまおうというのが常朝の戦略です。

まさに「術」。思わずうなずかずにはいられない実践的なテクニックです。

すぐ謝れ、謝りすぎるな

常朝は失言の防ぎ方だけでなく、失言してしまった場合のケアの仕方についても言及しています。

常朝の「角蔵流」はかゆいところに手の届くものになっているのです。

――「過って改むるに憚ることなかれ」という言葉がある。すぐに改めさえすれば、――

過ちはすぐに消えていくものだ。過ちをごまかそうとしたとき、いよいよそれが見苦しく、苦しいことになってくるのだ。なにか禁句などを言ってしまったときでも、すぐに釈明すれば、そうした言葉は少しもあとを引かず、ひけめを感じることはなくなるものだ。もし、それでも咎める人があるときには、「まちがって言ってしまったので、その理由を申し開きし、お許しを願ったのですが、それでも許していただけないとなると、私にはこれ以上どうしようもできません。知らずに言ったことですから、私から申せばお耳に入らなかったのと同じことだと思います。誰も責めることはないでしょう」と言って覚悟を見せることだ。だからこそ、他人の噂や隠し事はいっさいしてはならない。また、場を見て言葉を発せなければいけないのだ。（一ノ九〇）

失言をしたら、すぐにそう言ってしまった理由を釈明する。

具体的に言えば、「〇〇だからこう言ってしまったのですが、他意はないのです」といった感じになるでしょうか。

そして、それ以上責められたとしても謝らない。失言したときなど、やたらと平身低頭したくなるものですが、それではきりがありません。

謝る必要のないところでは、謝らない。ここは気力の試されるところでもあります。「畳の上」で生きる武士、そしてわれわれにとっては、会話のなかでこそ武勇が試されるのです。

必要以上の言いがかりに引き下がる必要はありません。ここで引き下がってしまうような気力では、他の仲間からもけっして「頼もしいヤツ」だとは思ってもらえないでしょう。

3 武器としての言葉

研ぎ澄まされた一言の力

とっさの場の一言というのは、武士にとっては、非常に大切なものです。

言葉の勢いというものが武勇には大切だ。今度のこと（乱心者が暴れた事件）でも、乱心者をとり押さえることができれば最高だ。しかし、手に余った場合は斬り捨てるか、もしとり逃がしそうなときには、「逃がさぬぞ、卑怯者逃げる気か」などと臨機応変に言葉をかけて、その勢いで目的を達するのである。（二ノ四八）

正直、「その勢いで目的を達する」（原文では「詞《ことば》をかくる勢《いきほひ》にて仕済《しす》ますなり」）というところが多少あやふやだと思うのですが、きっと第一には、逃げる相手を挑発して引き留める、ということを言っているのでしょう。

また、第二には、まわりに向かって「自分がわざと逃がして修羅場を避けたのではなく、相手が不本意にも逃げているのである」ということを喧伝するという効果もあると思われます。常朝の武士道は、第4章でも扱ったように、相手からどう見られるのかも内心と同じくらい重視する生き方なのです。

これは、現代においても実践的な視点です。

たとえば、誰かと会議で議論になったとします。このとき、相手を言い負かすことばかり考えて、それをまわりの人がどう聞いているかを忘れてしまうと、そのときはよくても評判を落としてしまうことになりかねません。

むろん、評判を落としてでも、勝たなくてはいけない勝負はあります。それは自分の信念にかかわる勝負です。しかし、そうした真剣勝負というものは、そうあるものではありません。つまらない勝負で評判を落とすことは、もっと大事なことの障害になることもあるのですから、気をつけなければいけません。

言葉というものは、血を流さずに名誉を守ることのできる武器なのです。

酒狂いでも暴言でも、気に障ることを言う人間がいたら、それ相応の返事をしておけばよいのだ。それをくよくよして、すぐに怒りで胸がいっぱいになり心が

焦って、即座の一言が浮かばなかったために、これでは面目が立たぬと、すぐに刀を抜いて斬りかかるのは、まことに馬鹿げた死に方である。「馬鹿者」と言いかけてきたら「たわけ者」と答えたらすむことである。（二ノ一二三）

先年のこと、お城のなかで、ある者（刑務官のような役の人？）が他の者に、「お主は磔《はりつけ》の道具だ」と冗談で言われたのに憤慨して、相手に斬りかかろうとしたのを、泊まり番をしていた山本五郎左衛門と成富蔵人が聞きつけて処置し、その者を夜中に城中までわざわざ出仕させて謝罪させ、すんだことがあった。これも、その場ですぐ「おまえこそ火あぶりの道具だ」と言い返してやれば、なんのこともなかったのだ。始終黙っているのは腰抜けである。言葉の使い方、その場での一言、十分に心がけておくべきことだ。（二ノ一二三）

「いつもものを言わないのは腰抜けである」というように、無口が基本の常朝の武士道でも、ここぞというときは口を開くべきであるとすすめるのです。

これはちょうど刀と同じです。やたらと抜くのではなく、ここぞというときに抜くのです。ただし、いざ刀を抜いて相手を斬り殺せないのが恥であるように、その場での一言もまた研ぎ澄まされたものでなくてはいけません。
では、どうすれば研ぎ澄まされた言葉が出てくるようになるのでしょうか。

すべては心の用い方

武士は、その場での一言が大切である。ただその一言に武勇があらわれるのだ。とくに平和な時代に武勇を証明するのは言葉だ。乱世でも、その一言で剛の者か臆病者かを見分けていたのだ。この一言こそ、心に咲く花である。口では説明しがたいものだ。（一ノ一四二）

大難や大変事があったときは一言が大切である。幸せなときでも一言が大切である。日ごろのなにげないあいさつ話でも、その一言が大切なのだ。工夫して言わなければいけない。そうすれば言うこともしっかりしてくるものだ。自分にもそのような経験がある。だからいつも気を張って、そのように心がけていなければいけない。これは、むやみに説明しにくいことである。すべて心の仕事なのだ。心で受けとめる人でなければわかるまい。（二ノ八二）

常朝は、いざというときの一言について、よく考えて言わなければいけない、と説く一方で、「口では説明しがたいものだ」「心で受けとめる人でなければわかるまい」などと言っています。これはどういうことなのでしょう?

以下に、筆者の解釈を述べたいと思います。

たしかに、いざというときの一言というのは、よく考えて言わなければいけない、というのは一面の真実です。しかし、一方、その一言を言わなければいけないのは、とっさの場なのです。「こうきたら、こう言おう」などと考えているようでは間に合いません。

その場で反射的に出てくる言葉の勝負なのです。

反射的な言葉には、本心が出ます。「すべて心の仕事」というのはそういう意味でしょう。だからこそ、心を常日頃から信念によって整えていなければいけません。要は、常日頃から信念をもって生きているか、なのです。

常朝の武士道には、第2章で見たように、前もってなにごとも覚悟して考えておく「覚」という側面と、その実行にあたってはなにも考えず突き進む飛躍である「狂」というものが共存しています。

これは、会話でも同様です。会話も現実の一場面なのです。ふだんから準備し、覚悟しておくとともに、いざという瞬間にはその準備・覚悟から飛躍して対処する。そのためには心に信念をもつことである。

これは論理的には、そして言葉の上では矛盾です。簡単に言えば「すべてが信念（心）の問題なら、準備なんかいらないじゃないか、別に慎重な態度も必要ないじゃないか」となるからです。

だからこそ、「口では説明しがたいものだ」「心で受けとめる人でなければわかるまい」と言っているのではないでしょうか。

しかし、あえて著者が言葉で説明すれば（常朝に怒られるかもしれませんが）、とっさの一言をつねによく考えて準備しているような真摯な信念の持ち主こそ、その準備を超えた切れ味のいい一言を発するものだ、ということなのではないでしょうか。

4 目上の相手に意見するには

カッコつけるな！

組織人がもっとも気をつかうのが、自分の上司との会話。常朝で言えば、主君になります。常朝の時代、命を賭して主君の非を諫める「諫言《かんげん》」という行為は、武士のあいだで華のある行為として取り沙汰されたようですが、そうした諫言のありかたに常朝は疑問をもっています。

以前のことであるが、御旅行の途中で寄り道しようと主君が言いだされたとき、年寄のある人がそれを聞いて、「私が一命を捨てて殿をお諫め申し上げよう。これまでも日数が延びているのに、その上になお寄り道をなされようなどというのはもってのほかで、あってはならないことだ」と言い、さらに人々に向かって「これで、おさらばでござる」と訣別の言葉をかけ、身を清め、白帷子《しろかたびら》の下着（死装束）を着けて殿の御前に進み出たが、やがて退出してきて、また人々に対して「私が申し上げたことを御了解になられ、これほどうれしいことはございません。それに、みなさまへもふたたびお目にかかれることになるとは、思いもかけぬ幸せであった」などと大言を吐いた。これは、すべて主人の非をあからさまにし、自分の忠義を宣伝し、威勢をふるおうとするやり方である。他国の者によくあることである。（二ノ一二一）

〈カッコつけやがって！〉

常朝の忌々しげな表情が浮かんでくる文章です。

前の項目で、言葉についての「まわりからどう見られるのか」の視点について書きましたが、それはむろん、「信念のために」という大前提があっての話です。主君のため、という武士の前提となる信念を捨てて、評判をとるのはダメなのです。

常朝にとって、諫言というものもあくまで、御家のため、主君のためにすることです。ですから、まずは、それが実際に聞き入れられて、役に立つかどうかが大切なのです。

意見するなら早めに

ですから、諫言をするにも聞き入れられるための実践的な工夫が必要なのです。まず、常朝に言わせれば、諫言は早めにすることが大切です。

諫言や意見というものは、実際に悪事を始めてからではその効き目は薄く、かえって悪名を広めるような結果になる。病気になってから薬を用いるようなものだ。ふだんからよく養生していれば病気にはかからないのである。病気が出てから養生するより、ふだんの養生のほうが手間もかからずおこないやすい。まだ悪事を思いたたないうちに、ふだんから心がけについて、それとなく諫言し意見するならば、ふだんの養生と同じようになるだろう。（二ノ一四）

われわれで言えば、上司が無茶なことをやりそうになったら、行動にうつす前に諫言するのです。もっと言えば、そういうことを思いついた瞬間に牽制するのです。始めてしまってからでは、相手も引っ込みがつきません。

ただし、言い方というものがあります。

すべて諫言や意見は、和の道であり、じっくり話し合わなければ用はなさない。堅苦しく改まった言葉遣いなどでは、ぶつかり合うかたちになって、簡単なことでも直せぬことになる。（一ノ一五三）

「諫言や意見は、和の道」なのです。
あまりシリアスなトーンでしてしまうと、どうしてもぶつかり合ってしまいます。
あくまで、物言いは柔らかくすることが大事です。
そして、聞き入れてもらえなかった場合の身の処し方も常朝は書いています。

もしお聞き入れにならなかった場合は、悪事を隠し、いっそう主君の肩をもって悪い評判が外に立たないようにするものである。諫言する人は、気負っているわりに、聞き入れられないと背を向けてしまうことが多い。こうしたことで騒ぎまわるというのは、不忠の極みである。（二ノ一一三）

主君の味方をするのです。

間違っても、他の人と一緒になって「あの人、言ってもダメだ」などと悪口は言わないのです。主君とは常朝の信念そのものだからです。

主君を守ることは己を守ることであり、主君を悪く言うことは、自分に罵詈雑言を浴びせるに等しいのです（常朝にとっては）。そして、主君に過ちを改めてもらうために、次の策を考える。これが信念をもって主君に仕える「奉公人」としての生き方だったのです。

人脈を使え！

では、もし自分の立場が低くて、諫言する機会がない場合などはどうすればいいのでしょうか。喩えるなら、平社員が社長に諫言するには？

常朝の答えは明快です。自分よりエライ人に代わりに言ってもらえばいいのです。今風の言い方をすれば、「人脈を駆使する」ということになるでしょうか。

――概して言えば、その地位に達せずに諫言をするのは、かえって不忠である。誠――

の志があるならば、自分で考えついたことを諫言するにふさわしい立場の人に、こっそりと相談し、その人自身の意見のように言ってもらえば、成功するのである。これが忠節というものだ。（一ノ四三）

諫言の道においては、自分がしかるべき地位にいなければ、その地位の人に言ってもらって、主君の過ちが直るようにするのが大忠なのだ。諸人と親しくつきあうのは、こうしたときのためである。自分の利益のためにする諫言は、へつらうのとかわらない。そうではなく、自分で御家を背負って立つ覚悟からするのだ。すればできるものである。（一ノ一二四）

これを仮に、会社に勤めている人に置き換えれば、以下のようになるでしょう。自分が立場的に部長に意見や提案をすることができないなら、課長から言ってもらう。もし、それが採り入れられてうまくいったとしても、自分ではなく課長の手柄になるかもしれません。

しかし、会社がよくなればそれでいいのです。常朝風の考えで言えば、もし会社というものに信念をすえて生きているのなら、会社はあなたなのです。会社がよくなれば、あなたもよくなっているのです。

むろん、「会社のため」という信念などもっている人は、そうはいないものです。

ですが、幸か不幸か、現代社会において、会社という組織と会社員というのは、一蓮托生となりやすいものです。

例外もあるにせよ、基本的には、儲かっている会社の給料は高いですし、雇用だって安定しています。調子のいい会社に勤めている人は、その人の調子もよさそうなものですし、調子の悪い会社に勤めている人は、その人の調子も悪そうなものなのです。

だからこそ常朝の奉公術は、「いま」、われわれの役に立つものなのだと著者は思っています。

5 相手の話は「弁証法」で聞け！

『葉隠』流弁証法

『葉隠』には、話し方だけではなく聞き方も書かれています。人と話をするときも、ただ漫然と聞いているようではいけません。相手の話に吟味を加えながら聞くのです。

評定の席で議論をしているときは言うまでもなく、世間話を聞くときでも、相手の理屈をそのとおりだとばかり思って、それにとらわれていては、さらに一段高い道理がわからなくなる。他人が黒いと言えば、黒いはずはない白いはずだ、白い理屈があるにちがいないと、白いという理屈をつけて考えてみるならば、一段高い道理が明らかになってくるものだ。このような視点をもたなければ、人よりすぐれた立場に立つことはできない。（二ノ一〇〇）

相手と反対の理屈を考えながら聞く。

これは一見単純なコツのようですが、じつはアリストテレスも『トピカ』という本のなかで、現実の問題を検討するための方法として取り上げているものなのです。また、ある論に反論を立てることで、「一段と抜きんでた道理」を明らかにするという部分などは、テーゼからアンチテーゼが生まれ、両者の対立からジンテーゼが生まれるという、ヘーゲル哲学の弁証法のようでもあります。

他人のアドバイスを求めよ！

こうした、テーゼにはかならずアンチテーゼを用意する態度は、自分の考えている理屈についてもしかりです。先ほどとは反対に、自分のアイデアなどにも相手からのアンチテーゼを求めるのです。

自分の知恵、一人だけの知恵だけで万事をおこなうから、私心となって天道にそむき、悪事をなすことになるのだ。傍から見ているとそうした知恵は、汚く、弱々しく、視野も狭く、役に立たない感じがする。真の知恵におよばないときは、知

恵のある人に相談したらよいのだ。その人は、わが身の上の話ではないから、私心なく、忌憚のない知恵で考えるので、物事が道にかなうのである。こうした知恵は、傍から見ても、しっかりとして見えるものだ。たとえば、大木の元には根がたくさんあるようなものである。一人の知恵は、ただ突っ立っている一本の木のようなものだ。不安定このうえない。（一ノ五）

相談事などでは、まず一人の者とよく打ち合わせておき、その後で相談相手の人々を集めて一度で決めることだ。そうしないと、後で苦情が出てくるものである。とくに大事な相談事では、関係のない人とか、世俗を捨てて出家した人などに、こっそり批判してもらうとよい。誰を贔屓するわけでもないから、よく道理が見えるものだ。同じ組の者たちに相談すると、自分の利益を考えて発言するものだ。これではなんの役にも立たない。（二ノ七一）

人より一段越えた道理を得るには、自分のことについて、他人に意見をしてもらって聞くことである。世間の人は、自分の考えだけですますから、一段越えたところに到達できない。人と相談する分だけが一段高くなるところだ。（一ノ一

一　三八）

常朝にとって、テーゼが孤立してあるような、自分の考えだけの「私心」の段階は、頼りないものに思えたようです。

そもそも、常朝の武士道は自分の内心・信念を第一にすえたものではありますが、決して自分の内心に引きこもった一人よがりのものではありません。それは、第4章で扱ったように「他人からどう見えるか」をも重視していることからもうかがえます。

常朝の武士道が、内心と外へのあらわれとの弁証法的統合をはかった。なんてカッコつけるのは飛躍しすぎでしょうが、それでも自分の考えというのは、外からの見方をぶつけることで、より現実に適応したレベルの高いものに磨き上げられる、と考えていたことは確かでしょう。

相手の考えは、反論を構築しながら聞く。反対に、こちらの考えには、相手からの視点を用意する。これも『葉隠』から学ぶことができる実践のための「術」です。

6　友人のなぐさめ方

しょぼくれ侍を立ち直らせる

これまではどちらかというと、自分がなにかにぶつかっていくようなベクトルの会話術でしたが、『葉隠』のなかには相手を引っ張るようなベクトルの会話術についても記述があります。

友人などが不幸にあってまいっている場合、それを引き立てていくのも大切な仕事だと『葉隠』は説きます。

他人が災難にあったとき、見舞いに行って言う一言は大切である。その人の心が知れるものだ。いやしくも武士たる者が、しょぼくれて暗く沈んだ様子でいるのではよくない。つねに勇気をもって歩みを進め、なにごとにも打ち勝ち、明るい心でいなければ役には立たないのだ。他の人の心を引き立てて元気にしてやる

のも、このためだ。（一ノ七三）

常朝に言わせれば、武士はしょぼくれた格好を見せてはいけないのです。むろん内面もです。

ですから、こうした人がまわりにいたときは、こちらの一言で、相手の武士らしさをとり戻してやるのです。

また『葉隠』には、具体的な励まし方のコツも書いてあります。

思わぬ不幸に遭ってうろたえている人に、「お気の毒なことで」などと言うと、ますます気がふさいで物の道理が見えなくなってしまう。そのようなときは、なんでもないような顔をして、「かえってよい成り行きではないか」などと言いながら、相手の気持ちの意表を突く方法がある。すると、その言葉に気をとられ、また違った道理が見えてくるものだ。すべては変化し流れてゆく世の中でのことだ。悲しみも喜びも、いつまでも心にとどめておく必要はない。（二ノ五六）

この方法などは、先ほどの弁証法的な考え方と共通のものです。

相手の悲しみの論理に反対するものを立論することで、相手をもう一段階高いところに導くのです。

自分だけではなく、まわりの人間にも武士道・奉公人道を全うさせる。これを常朝は「慈悲」という言葉で説明しています。自分の信念をまわりに及ぼしていく。見方によっては、非常にはた迷惑な考え方にも思えますが、それが私欲のために威勢をふるうということでなく、主君と御家のためである限り正当化されます（むろん、常朝のなかで）。

この「慈悲」については次の章で詳しく紹介します。

第7章

生きることの意味は自分で定義する！

1 勝負どころでの身の処し方

一気にやれ！

前章では、自分と他人の考えを突き合わせることで、高いレベルを目指すという『葉隠』のコンセプトを紹介しましたが、相談している余裕もないときがあるでしょう。こうしたときの対処法として、『葉隠』に紹介されているのが、例の四誓願と突き合わせて考えるという方法です。

ぎりぎりの切羽つまった場面で、他人に相談もしていられないとき、どうすればいいのかは、四誓願に引き合わせれば、自然とわかる。それ以上のことはしないことだ。（二ノ一〇九）

つまり、他人の意見の代わりに、四誓願をアンチテーゼとして用意するのです。

これはわれわれが応用するとすれば、自分の立てた目標などに立ち返るということになるかもしれません。よく言われる「原点に返って考えてみる」という行為です。しかし、そんな余裕もないような修羅場だったとき、どうするのか。

わが身にかかわる重大事では、自分一身の決断を腹にすえ、ひたすら突き進んでやってのけないと、埒などあかないものである。あまりの大事が起きたときは、人に相談しても相手にしてもらえない場合が多く、また人も思うままを言わないものだ。このようなときにこそ、自分の決断が必要なのだ。とにかく自分を物狂いとし、命を捨てると決心すればそれでよい。こういうときに、うまくやろうと思うと、すぐ迷う心が出てきて、たいてい仕損じることになる。また、多くの場合、味方の人、こちらのためを思ってくれる人のすることがかえって仇《あだ》となり、贔屓の引き倒しということになる。（一ノ一九四）

命を捨てる。死んでもやる。その決意で突き進むのみです。

ここで「狂」の力を発揮するのです。これまでも何度も取り上げたように、これこそが『葉隠』の神髄です。

そして、繰り返しになりますが、こうした力を発揮するには、ふだんから信念をもって生きることが必要です。

ここまでくるともはや「術」になっていませんが、実際に信念に生きた常朝の結論がこれだったのですからしかたありません。

というより、「術」というものは、第5章でも書いたように、そもそも現実に対して万能ではないのです。

しかし、意志と内心（信念）というものは生きているかぎり、すべての局面にともないます。結局、そこのあり方に戻ってくることは、必然と言えるでしょう。

いずれにせよ、勝負どころで力を発揮できるかどうかは、人生を左右する重大事です。

春岳和尚の話に「動くなと出鼻をくじいて二人力」という言葉が草紙に出てくる。これはたいへんおもしろい言葉だ。その場でできないことは、一生かかっても埒があかないものだ。そういうとき、一人力でできないことに、二人力となることができれば解決するのである。後からでもよいなどと思うと、一生おこたってしまうものだ。（二ノ九六）

人生に何度かある「ここだ！」という勝負の瞬間では、二人分の力を出すような無理をしてでも押し切るべきなのです。それには「狂」になること。理屈など考えず、信念に従って、ひたすら突き進むことです。

2 「畳の上の武士道」の教え

忙しいときに声をかけられたら

『葉隠』には、「畳の上の武士道」書らしく、他人との交際の仕方についても豊富に書かれています。

役所などでとくに忙しいとき、深い考えもなしに用事を言いだす人があると、対応が悪くなったり、腹を立てたりする者も多い。これはたいへんよくないことだ。こういうときほど、気を鎮めて、よい対応をするのが侍の作法というものである。とげとげしく対応するのは、あたかも中間《ちゅうげん》(召使い)などのやりとりのようである。(一ノ七七)

仕事が忙しいときに声をかけられても、とげとげしく対応しない。現代のビジネス書に書いてあるようなことが書いてあります。「侍の作法」というのは、忙しいときにもとり乱さず、柔らかな応対ができるということのようです。

こうした態度というのは、相手から見て感じがいいということと同時に、武士のカッコよさを表現する態度でもあります。

第4章でも見たように、内面は見た目や行動にあらわれるというのが武士のテーゼです。仕事の忙しさぐらいでとり乱すようでは、器量を疑われるでしょう。

これは、現代においても当てはまりますよね。

どんな忙しいときに声をかけられても、仕事する手を止めて相手を見て応対できる人は、器が大きく見えるものです。

相手の家に行ったら

他人の家を訪問する際の作法についての記述もあります。

どこかの家などを話があって訪ねるときは、前もって知らせたうえで出かけるのがよい。急に訪ねても、相手にどれほど暇があるのかもわからず、また相手方

の主人に気がかりでもあるところへ行っては、おもしろくないものである。総じて、招かれなければ、行かぬにこしたことはない。心の友というのは、そういるものではないのだ。相手に招かれた場合も、心得が必要である。たまに会うぐらいでないと、心にしみてくるものもない。慰みごとでの集まりも、失敗が多いものだ。反対に、自分を訪ねてくる人に対しては、たとえ忙しいときでも無愛想であってはならない。(二ノ一一二)

他人の家を訪ねる際は、アポイントをとること。社会人の常識ですね。江戸時代から常識だったのです。

そして、招かれなければ行かないこと。「近くに来ることがあったら、寄ってよ」という言葉を真に受けて、寄るようなことがあってはいけないのです。

逆に訪ねてきた人にはめんどくさそうな顔をせず親切にすること。これは先ほどの役所における「術」と同じ。

いずれも現代では常識だと言われているようなことです。そして、それは武士の世界においても大切なことだったのです。とくに戦もなく、奉公が「畳の上」でおこなわれた武士にとって、人間関係へのマメな配慮は避けられない課題だったのです。

そして、それはどんな信念を貫いて生きる場合でも同様なのです。他人をないがしろにしては信念を貫くことはできません。陳腐な言い回しですが、人は一人で生きられないからです。

もっと言えば、敵にしろ、味方にしろ、他人というものはつねにいます。そして、どんな信念であっても、他人との関わり合いのなかから生まれるのです。

「他人と顔を合わせず、毎日家で寝て暮らす」という信念ですら、その信念を貫こうと決意した瞬間に、ガスの検針の人が訪ねてきたりするのが現実なのです。

どこかへお供をしたとき、どこかの家に話があって出かけたときは、まず相手先の主人のことを十分に考えて、立ち寄るとよい。これが和の道であり、礼儀である。また、身分の高い人に呼ばれたときは、重い気持ちで行くと、席が落ち着かないものである。さてもありがたいことだ、きっとおもしろいことが待ってるぞと思い込んで行くのがよい。(二ノ一八)

そして、他人とのつきあいのベストは「和の道」です。

この「和の道」という言葉は、第6章の諫言の場面でも出てきました。相手と調和するのが、もっともよいのです。イヤな言い方にはなりますが、調和すれば多少は相手をコントロールすることができるようになりますし、信念のための味方ともできます。逆にやたらと他人とぶつかっていては、物事が一歩も進まないということになりかねません。

ぶつかるのは、いざという信念にかかわる勝負のときだけでいいのです。

ちなみに、この「術」の後半など、外回りのサラリーマンが応用できそうなものです。

相手から呼び出された場合など、どういう気持ちでいこうが、同じことが待っているのです。ならば、前向きな気持ちで行ったほうがいいでしょう。

とくに、相手がエライ人だと、どうということもないことで圧倒されがちです。そういうとき、はなから萎縮していては二進《にっち》も三進《さっち》もいかないことになります。気持ちに余裕をもつために、「いいことがある」と思い込んで行くのも一つの解決方法なのではないでしょうか。きっと常朝もそうしたのでしょうし。

酒の席では

常朝は人とのつきあいの一環として、酒の飲み方についても書いています。
酒の席での振る舞いというのは、現代でも大切なものですが、これも常朝の時代からそうだったようです。

酒盛は、きびしくなければならない。気をつけて見ていると、たいていの人はただ飲んでいるだけである。酒というものは切り上げ方をよくしてこそ酒である。ここに気がつかないといやしく見えるものだ。おおかた人の心がけは、そういうところにあらわれるものなのだ。とにかく酒の席は公の場所だと心得るべきである。（一ノ二三）

常朝は、酒の席というものを、ふだんの心がけが露わになる場だと考えています。
そして、酒の席でもっとも大切なのは切り上げ方なのです。

安田右京が、盃をどこで収めるかの心得を述べたように、大事なのは、その酒の席の切り上げ方である。人生も同じことだ。客が帰るときなど、いかにも名残惜しいという気持ちをもつことが大切だ。それがないと、いかにも飽きがきていたように思われて、これまで終夜語り明かしたことが無になるものである。すべて他人との交際は、飽きる心が出ないようにすることが大切だ。いつ会っても新鮮な気分であるようにすべきである。これはわずかな心遣い一つで変わるものだ。(二ノ二九)

酒席の切り上げは早めにする。名残惜しい気持ちが残るぐらいで切り上げるのが、よいつきあいを続けていくコツなのです。

常朝は他人とのつきあい全般について、「飽き」がこないようにすることが大切であると説いています。いつ会っても新鮮であるように心がける。新婚夫婦へのアドバイスのようですが、まさにこれは人づきあい全般に言えることです。

これはおそらく、関係に緊張感を保つという意味もあるのでしょう。

3　まわりを巻き込む「慈悲」の心

信念に巻き込め！

自分を磨くと同時に、まわりの人間を磨いていくことも大切であると、常朝は説きます。そのことは先の章で紹介した四誓願についての、常朝の解説を読むとわかります。

四誓願の完成するには、こう考えたらよい。まず「武士道において絶対におくれをとらないこと」とは、武勇を天下に示すと覚悟することである。そして、「主君のお役に立つこと」とは、家老の座について主君を諫め、国を治めることだと思えばよい。「親に孝行すること」の孝とは、忠に付随していて、同じ性質のものだ。「大慈悲心を起こし、人のためになること」とは、あらゆる人を主君のお役に立つ者に仕上げていくことというふうに心得たらよろしい。（一ノ一九）

四誓願の最後の一つ「大慈悲心を起こし、人のためになること」について常朝は「あらゆる人を主君のお役に立つ者に仕上げていく」ということだと考えています。これが常朝の言う「慈悲」です。

第6章の最後でも述べましたが、これは自分の信念にまわりを巻き込んでいくというこことです。感化するという言い方でもいいでしょう。そして、まわりを感化し、仕上げていく方法について、常朝は以下のように述べます。

恩を受けた人、親しい人、味方の人などには、たとえ悪事があったとしてもひそかに意見し、世間に対しては、うまくとりなして悪い評判がたたないようにし、逆に誉めたてて、無二の友人、千人力の味方となって、ひそかに受け入れやすいような注意の仕方をすれば、欠点も直り、よい人間となるのである。誉めたてれば、人の心も、自然と悪い考えが起こらないようになるものだ。すべてを慈悲の心に包みこんで、よくしないではおかないという一念が大切なのだ。（二ノ一一九）

とにかく誉めてやるのです。かばうのです。そして、そのなかで注意を与えれば、

欠点が直ってよい人間になるといいます。『葉隠』で説かれている生き方は、他人に非常にソフトに接することが基本です。

それは他人に意見する場合の「術」を説いた以下の箇所でもわかります。

（他人への）意見というのは、まずその人が受け入れてくれるかくれないか、その気質を十分に見抜いて、それから親しい関係をつくり、こちらの言葉を信頼するように仕向けておいて、その人の好む話題をきっかけにするなど、話し方もいろいろと工夫し、言うタイミングも考え、手紙を出したり別れのあいさつをするときなどに、自分の失敗や欠点を語ることで、それと言わないでも思いあたるようにする。もしくは、まずその人の善い点を誉めておいて、相手に元気が出るよう気を配り、喉が渇いているとき水を飲むように、自然と受け入れさせる。こうして欠点が直るのが本当の意見というものだ。（一ノ一四）

4 許される失敗と許されない失敗

失敗には寛容に

常朝は他人の欠点について、粘り強くつきあうなかで優しく直していくことをすすめます。こうした考え方の根底には、『葉隠』における失敗に対する寛容さがあるように思われます。

たとえば、『葉隠』には、以下のようなエピソードが紹介されています。

過去に酒の席で失敗のあった者を昇進させるかどうかの会議で、昇進させるべきではない、と結論が出そうになったときの話です。ある人が次のように言って昇進が決まったそうです。

一度くらい過ちがあったからといってその人を見捨てるようでは、人物は育ちません。一度過ちを犯した者こそ、その過ちを後悔するゆえに、かえってよくお

のれを慎むのでお役に立つのです。昇進させてしかるべきでしょう。……一度も過ちがない者は、かえって危険な気がします。（一ノ五〇）

こうした失敗への寛容さには、一つには時代背景が関係ありそうです。常朝の父の時代には、犯罪者すらかばっていたようです。

山本神右衛門は、家来どもに逢うたびに、「博奕を打ち、嘘をつけ。一町歩くあいだに七回は嘘をつかんと、男は立たぬぞ」と言った。昔は武勇だけを心がけたので、真っ当な者では大業はなせぬと思い、このように言われたのだ。素行の悪い者でも、知らぬふりをして召し抱えておき、「よいことをやった」と言われた。相良求馬なども、たしかに盗みや密通をした家来どもを、そのまま仕えさせておいて、少しずつ武士らしく鍛えていったのだ。「そのくらいの者でないと、ものの役には立たん」と言っていたそうである。（八ノ一四）

むろん、これは「昔は武勇だけを心がけたので」と常朝も言っているように、戦乱の時代の背景があってこその昔話ではあるのですが、それでも常朝の時代にもそうした考え方は多少残っていたでしょう。なにしろ昔と言ってもお父さんの時代のわけですから。

大きな仕事に失敗するのは恥ではない

そして、そもそもが第3章でも述べたように、常朝自身の説く生き方からいっても、失敗というものを絶対的にダメなものだと考えているわけではありません。むしろ大役にチャレンジしての失敗は、恥にはならないと考えているようです。

奉公人は、ただ奉公に打ち込めばいいのだ。大きな仕事を、危ない、失敗するかもしれない、と思って逃げたがるのは、敵に後ろを見せるのと同じで卑怯である。その役を命じられて、心ならずも失敗するのは、戦場における討死同様と考えるべきだ。(二ノ一六〇)

与えられた仕事において失敗を恐れるのは、卑怯者である。その役目で仕えている身で、その役目で失敗するのは、当たり前のことだ。役目以外のことや私事

で失敗することこそ、恥なのだ。ただし、自分は気が利かないので、どうやってお役を勤めたらよいか、という心遣いはあるべきだ。（一ノ九三）

こうした記述を見ると、常朝は失敗するのも仕事のうちだとさえ考えているように思えます。そして、こうした記述は現代に生きるわれわれをも納得させるものがあります。

最近では景気が悪いせいか、成功より、失敗しないことを心がけるような思考法が根強い気がします。こうした考え方は、堅実ではありますが、ここから大きなものは生まれません。

常朝は、大高慢の心をもってスケールの大きな人生を送るように『葉隠』ですすめ、同時に失敗を恐れるな、と言います。どんな大仕事にも飛び込んでいくということは、当然失敗もまた避けられないからです。

大酒、自慢、奢りに注意せよ！

常朝は「失敗してもいいや」と単純に考えていたわけではありません。その証拠に

「失敗」というものについて、しっかりと分析を試みています。

貪（貪欲）・瞋（怒り）・痴（愚）の三毒とは、よく分類したものである。世間に悪事があったとき、引き合わせて見ると、この三箇条に外れることはない。また、よいことを引き合わせて考えてみるに、智（知恵）・仁（愛）・勇（勇気）の三徳に合わないものはない。（二ノ九〇）

そして、常朝は、奉公人が気をつけなければいけないことについて尋ねられて、次の三箇条を挙げています。いわば失敗の予防法です。

大酒・自慢・奢りであろう。物事がうまくいっていないときは、心配いらない。むしろ少し運が向いてきたとき、この三箇条が危ないのだ。他の人を見れば、だんだん調子に乗り、自慢や奢りが出てきて、見苦しい様子になってくるのがわかる。だから、人間は苦労を経験した者でないと根性がしっかりとしないのである。若いうちは不幸なぐらいでいいのだ。不幸のなかでしょぼくれてしまうような者は、なんの役にも立たない。（二ノ一）

5　スピリチュアル・リテラシー

予兆？　気のせいだろ

常朝は理屈・理論を嫌いましたが、非科学的だったわけではありません。むしろ、スピリチュアルに世界を解釈する考え方には反対していたようです。それは、以下のような箇所を見てもわかります。

ふだんないような現象が起こると、それを怪事だと言い、なんの前兆であろうかとあれこれ言うのは愚かなことだ。太陽と月が同時に見られること・彗星・旗雲・光り物・六月の雪・十二月の雷などというものは、五十年や百年のあいだにはあるものなのだ。ただ自然法則の結果として、あらわれるにすぎない。太陽が東から出て西に沈むのだって、いつものことでなかったら怪事ということになる。それと同じことだ。また天変があると、世の中にかならず悪いことが起きるのは、

旗のようになびく雲を見ては、なにか起きるにちがいないと思う人々が、自分で心のなかに怪事をつくりだし、悪いことが起きるのを期待するからである。その心の持ち方からこそ、悪いことは起きてくるのである。（一ノ一〇五）

つまり、「気のせいだ」ということです。

〈そんなふうに考えてるから、悪いことが起きるんだよ！〉

常朝はそう言いたいのです。そもそも、常朝の武士道というのは、つきつめてみれば「主君のため」、もしくは「奉公」という信念をもつことで、自分に見える「世界」のほうを変えてしまおうというコンセプトです。

そんな常朝から見れば、「怪事」などというものは、勝手に出来事をそう解釈して、勝手に怖がっているだけの、はなはだ間抜けなものだったのでしょう。

占い？　お前がどうするかだろ

こうした考え方は、占いについても同様です。

易経相伝に、占いは当たるものと考えるのは誤りで、当たらないことにこそ本質がある、とある。これが、易という字をカワルとも訓《よ》むゆえんである。占いが吉でも、悪をすれば凶となるし、占いが凶でも、善をなせば吉となるのだ。（十ノ七二）

占いなどで、自分の未来は決定されないのです。せいぜい現状についてのヒントを与えるにすぎません。「あなたにはもうすぐ重大な出会いがおとずれます」と占い師に言われたとき、誰との出会いも見方によっては重大である、と気づくことができればそれでいいのです。

未来を決めるのは自分。これは『葉隠』に一貫したテーマです。

6 恋の仕方

恋の至極は忍ぶ恋

『葉隠』は、じつは恋愛論を説いた本として有名です。ただ常朝が『葉隠』で論じる恋愛は、衆道、つまり男色です。常朝の生きた時代、衆道は武士のたしなみだったと言われています。

恋の悟りの究極は忍ぶ恋である。
〈恋死なん後の煙にそれと知れ
　つひにもらさぬ中の思ひは〉
という歌があるが、そのようなものだ。生きているあいだに、気持ちを伝えるのは深い恋とは言えない。恋い焦がれ思い死にする恋こそが、限りなく深い恋なのだ。たとえ思う人より「こうではございませぬか」と問われても、「まったく

思いもよらない話だ」と言いつつ、相手を思いながら死んでいくのが究極なのである。恋とはなんと廻りくどいことだろう。この前、この話をしたときに同意してくれた者たちがいて、お互いを煙仲間と言ったものだ。こうした考え方は、万事における心得となるであろう。主従のあいだも、この心で奉公すればよい。（二ノ三三）

異性間の恋愛でも十分理解可能な恋愛観です。

打ち明けぬ恋は、結論の出ない恋であり、逆に言えばいつまでも続く恋です。恋とは打ち明けるまでが恋だともいえます。成就すれば、恋は、良きにつけ悪しきにつけ違った感情に変わっていくものですし、成就しなければ恋は終わるのです。

常朝は、そうした恋心と主君を思う気持ちは同様のものであると説きます。

たしかに、これを踏まえて以下のような箇所を読むと、常朝の主君への思いはまさに恋心と同じだったことがわかります。

奉公人は、心がけ一つあればそれでよい。……自分は殿の唯一の家来だ、目をかけていただこうと、つれなくされようと、まったくご存じなさるまいと、そん

なことはどうでもよい、つねに殿の深い御恩を骨髄にまで感じとり、涙が流れるほどまでにありがたく思うまでのことである。（二ノ六一）

むろん、こうした考え方が極端なことは否めません。

ですが、恋に照らし合わせて考えてみれば、相手への思いを内に秘めるということは、いつまでもその心をもち続けることができるということなのです。

こうした考え方は、じつは人生の幸福は、「思いを遂げること」にあるのではなく、「思って生きることそのもの」にあるということを示しているのではないでしょうか。

これまで見てきた常朝の生き方は、まさに信念をもって生きることを重視しますが、じつは「成し遂げるか否か」それ自体はそれほど重視しません。

人生において、結果ではなく、過程を常朝は問うのです。なぜなら、結果とはたんなる点としての出来事にすぎませんが、そこに向かう過程というのは線であり、生きていく営みそのもの、人生そのものだからです。

7　はかない人生だからこそ

『葉隠』のニヒリズムが語るもの

夢の世とはよく言ったものだ。悪い夢を見たときなどは、早く覚めよと思い、本当に夢であってくれなどと思うことがある。現在のことも、それと少しも違わない。（二ノ一〇五）

貴賤の別なく、老若の別なく、悟っても死に、迷っても死ぬ。ともかく人間は死ぬのだ。われも他人も、死ぬということを知らないわけではない。だが、ここに奥深いものがある。それは、誰もが死ぬとはわかってはいるが、他人があらかた死んでしまってから、自分が最後に死ぬように思って、いま死ぬとは考えないのである。なんとはかないことだ。すべては死を前にしては役に立たない。現実とは夢のなかで遊んでいるのと変わりないのだ。このように思ったなら、決して

油断してはならない。死はすぐ足もとまできているのだ。大いに精を出して、早めに準備をしておくことだ。（二ノ五五）

幻という字は、マボロシと訓《よ》むのである。インドでは呪術師のことを幻出師と言う。この世はすべてカラクリ人形なのだ。だからこそ幻の字を用いているのである。（一ノ四二）

人間とは、なんとうまくつくられたカラクリ人形ではないか。糸であやつっているわけでもないのに、歩いたり、飛んだり、跳ねたり、口まできくというのは、いかにも名人の細工である。（二ノ四四）

ここまで熱い生き方を説く『葉隠』という書物のなかに、時おりこのような虚無的な記述が混じるのは、読む人を困惑させるところです。

こうした常朝が時おり抱く気持ちというのは、おそらく世界に客観的意味がないことへの不安なのでしょう。こうした考え方は、常朝の傾倒していた禅宗からの影響だと言われています。

たしかに、世界には客観的な意味などありません。

たとえば、常朝の仰いだ主君。主君も客観的に尊いわけではありません。言葉は悪いですが、人間が勝手に祀りあげて、勝手に恐れ、勝手に崇《あが》めているだけなのです。つまり、人間が勝手に意味をつけているだけで、人間を抜きにして意味のあるものではないのです。これは、会社員における上司でも同様です。

言うなれば、人間全員で勝手に「キミは何役、キミは何役」と役割を割り振って、真顔でおままごとをやっているのがこの世なのです。子供のやるおままごとの家庭生活は、本当の家庭生活ではありません。では、この世自体がおままごとだとしたら、本当のものってなんなのでしょう。本当のものなんてあるのでしょうか。

こうした世界観は非常に虚無的なものではありますが、じつはいままで見てきたような常朝の生き方と表裏一体になるものです。

常朝が『葉隠』で説く生き方。それは、信念をもつことによって幸福の基準を先取りし、それに殉じて生きることで幸福に生きるというものです。これは言い方を換えれば、こちらから世界に意味づけをして生きていく生き方なのです。

つまり、世界には客観的な意味がないからこそ、こちらから意味をつけていこうという生き方なのです。

常朝でなくとも、やたらとむなしがる人がいます。

「自分のやってることなんか、意味がないんじゃないか」

「どうせ死んでしまえば終わりじゃないか」

そのとおりです。そう思っているかぎりは。

そもそも自分が意味づけをしないでも、なにか意味があってほしいという考え方は怠慢です。世界に客観的な意味があるのなら、たとえばロールプレイングゲームの世界のように客観的にすべてのものに意味と役割が決まっている世界なら、あなたはそのゲームの一つの駒に過ぎなくなってしまいます。下手すると、誰かの人生の脇役だったりしかねません。そんなのごめんですよね。

さいわい世界は白紙で、色をつけるのは人生を生きる私たちそれぞれ。

そして、その彩りを決めるのは、われわれ一人ひとりのもつ「信念」なのです。

巻末付録 『葉隠』おもしろ話集

鍋島侍の覚悟

鍋島藩の家来ならば、まずはわが藩の歴史や伝統について学ぶべきだ。最近では、こういうことがおろそかになっている。その意味はといえば、御家の由来を知り、ご先祖様たちのご苦労・お慈悲のおかげで、御家の長い繁栄があるということを理解するためということである。

……釈迦も孔子も楠公も信玄公も、一度だって龍造寺・鍋島の家に家来として仕えたことはないのだから、当家の家風にかなうとは言えない。平時であろうと戦時であろうと、つねにご先祖様をあがめ奉り、その教訓から学べば、身分の高い者も低い者も職務を立派に果たすことができる。それぞれの道では、その家元をこそもっとも大切にしている。当家の家来ならば、よその学問は無用である。まずは当家のことをよく学び、それからよその学問を慰みに学ぶのならよい。よくよく深く理解するならば、わが藩の歴史や伝統の知識で間に合わないということは一つもないはずだ。

……たとえ十分でなくても、直茂公・勝茂公のとり決められた方策・方針を、上も下も守ってゆくとき、すべての人々は安心し、御国はしっかりと、平穏に治まるのである。

……御国の者は他国に追われず、他国の者は召し抱えず、浪人を申しつけられた者も藩内に止まるようにされ、切腹を命ぜられた者の子孫でさえ、藩内に住まわせている。このように主従の結びつきの深い当家に、思いもかけず生をうけ、御家来衆は言うにおよばず、百姓町人に至るまで、代々にお受けしてきた深い御恩はとても言葉で言いつくせるものではない。こういうことを考えて、御恩返しのため、なんとか当家のお役に立たなければ、という覚悟を極め、ねんごろに召し使われるときは、いよいよ私心を滅して奉公にはげみ、浪人や切腹を仰せつけられても、それも一つの奉公と考え、山の奥から、土の下からでも、いつまでも主家のことを思う気持ち、これこそ鍋島侍の覚悟の根本であり、われらの骨髄である。

出家して庵に引っ込んだ私には似合わないことだが、仏を念じて成仏したいなどとは一度も考えたことがない。むしろ、七度生まれ変わるなら、七度とも鍋島侍に生まれて、藩の政治の役に立つ覚悟、それが肝にまで染みわたっているほどである。特別な気力も才覚も必要ない。一言で言うならば、御家を一人で担ってみせるというほどの志をつくりあげることだけなのだ。

同じ人間として生まれた以上、いったい誰にひけをとったりすることがあろう。すべて修行というものは、大高慢でなければ役に立たないものだ。自分一人で御家の安泰を支え続けるというほどの姿勢で臨まねば、どんな修行も物にはならない。また、人の心は熱しやすく冷めやすいものだ。しかし、それには冷めぬ方法がある。われら一統の誓願として、

一、武士道においておくれをとらないこと。
一、主君のお役に立つこと。
一、親に孝行すること。
一、大慈悲心を起こし、人のためになること。

の四つの誓願がある。この四誓願を毎朝神仏に向かって念じるならば、二人力の力を得て、後ろへ引くようなことはなくなる。尺取虫がはうように、少しずつでも前へにじり出るものである。神や仏といえども、まず最初に誓願を立てられたものだ。

（夜陰の閑談）

勇士の話

一、立花攻めのとき、大家太郎左衛門が使者を仰せつけられたときのこと。

開戦の前日、敵方の立花家へ申し入れることがあるので、太郎左衛門を使者として敵陣の柳川へ派遣するよう、直茂公が仰せになった。みなは、

「太郎左衛門は醜男ですし、どもりのくせもありますから適当ではありませぬ」

と申し上げたが、直茂公は、

「今度の使いには、男ぶりや弁舌などはいらないのだ。気骨ひとつあればすむこと。太郎左衛門の気骨については、日頃から見抜いて使っているのだ」

と仰せになって、さて太郎左衛門は立花家へおもむいて、

「このたび家康公の御命令により、明日当地へ攻めよせます。もし釈明されるおつもりならば、早々に加藤・黒田両検使までお申し出になるとよろしかろう」

と、つっかえつっかえ口上を申し述べた。その返事を待っていると、襖ひとつへだてた隣の部屋で、柳川の侍たちが、

「なんという手ぬるい口上だ。立花家ともあろうものが、この期におよんで釈明をす

るなどと思っているのだろうか。それにしても、あの使いの男は風体も見苦しいうえに、口上もろくにしゃべれないではないか。鍋島にはよほど人がいないらしい」

などと、さまざまに悪口を言った。さて返事を聞いてから、立ち帰るときになって、太郎左衛門は大声をはりあげ、

「ただいまそちらで評判になさっていたことは、こちらに聞こえ、はっきりと耳に承りました。口上とは別のこと、鍋島の槍ははたして手ぬるいかどうか。明日、皆様方へお目にかけましょう。畳の上とは、ちと違うことになるでしょう。また、拙者が醜男で口上も下手だというのは、もっとものこと。しかし、武士にとって男ぶりや弁舌が役に立つとお思いか。拙者の戦場での活躍なら明日見せて差し上げるゆえ、見事、この醜男と立ち合ってみなさい。いますぐというのなら、この場でかかってきなさい。ひと働きしてみせましょう」

と断言し、しばらく待ったうえで、立ち帰ったそうである。


（十一ノ二）

クスリとする話

・相良市右衛門の書き置きには、最後に奥書があって、
「右のようにいろいろと言いおいても、子々孫々になると、とても守りはすまいと思う。なぜならば、かく言うわし自身、五歳のころからの酒好きで、大酒を飲みつづけ、たびたび人から意見されたけれども、ついに聞き入れなかったからである。しかしながら、意見をされたときだけは、すこし控えたものだ。だから、ムダとは思っても、このように書き置きを残すのである」と書いてあった。

（六ノ四九）

・光茂公十四歳のときの御歌。

さむき夜に裸になりて寝たならば
明くる朝《あした》はこごえ死ぬべし

これがお歌をつくられた始めと言われている。また、一説には、多久美作守より「唐《から》の山辺も紅葉しにけり」というお歌をお聞きになって、和歌に熱心になられたということである。

（五ノ二）

・高木鑑房《あきふさ》は龍造寺家にそむき、前田伊予守を頼り、その城内に身を寄せていた。鑑房は並ぶものなき勇士で、太刀の早業では達人と言われる人物であった。家来には、因果左衛門、不動左衛門という、これも鑑房に劣らぬ曲者がおり、この二人が昼夜、身辺を離れず警護していた。龍造寺隆信公は、鑑房征伐を、伊予守へおたのみになった。

あるとき、鑑房が縁に腰をかけ、因果左衛門に足を洗わせているところを、伊予守が後ろから走りよって、その首を打ち落とした。鑑房はなんと斬られてから首が落ちるまでの瞬間に、脇差しを抜いて振り上げたが、脇差は足を洗っていた因果左衛門の首を打ち落とし、二つの首は同時にたらいのなかへ落ちたということである。その後、鑑房の首は部屋のなかに舞い上がったともいう。このような太刀の早業も、鑑房が魔法の術を会得していたからだそうだ。（六ノ三）

生活の知恵

・重要な書類や手紙を届けに行くときは、道すがらもしっかり握りしめて片時も離さず、届け先で直接相手に渡すものである。（一ノ六五）

・歌の詠み方の心得として、その続け具合とテニヲハ（助詞）の使い方が大切だという。これで考えるに、平素の話し方も、意識したほうがよい。（一ノ一四一）

・本を読むときは腹で読むとよい。口に出して読むと声が続かなくなる、というのが式部の教えである。

・丁字を入れた袋をいくつか身につけていると、寒気や風気にあたらない。先年、中野数馬が寒中に早馬で帰国したが、老齢にもかかわらず少しも痛みを感じなかったと言って、このことを教えてくれた。また、落馬のときの血止めの方法には、芦毛の馬の糞を煎じて飲むのだそうだ。

（一ノ一七四）

・付箋のつけ方は、紙の端を三角に切って、その尖ったところに糊を薄くつけて、書物の裏に貼るといい。また弔状やその外の凶事の際の包物は、両方からの折り返しを同時にするものである。ふだんの包物の場合は片方ずつ折る。そのときは、左側のほうから先に折り返すものらしい。

（二ノ一〇）

・介錯の仕方について、野田喜左衛門の話。

（二ノ二一）

死に場所にのぞんで、正気を失ってはいずりまわったりする者を介錯するときは、ずいぶんとしくじるものである。こういう場合、まずは落ち着くまで待ち、どうにかして元気が出るようにしてやり、少ししゃんとしたところをすかさず斬ればうまくできると語ったそうである。

（七ノ一六）

・顔の皮の剝ぎ方について。顔を縦横に切り裂いてから、小便をかけ、草鞋で踏みこくると剝げると、行寂和尚が京都で聞いたことがあるという。これは秘蔵の知恵である。

（十ノ五九）

常朝の身の上話とシメの和歌

私は父が七十歳のときに生まれた子で、塩売りにでもくれてやろうと言われていたのを、寄親《よりおや》であった多久図書が「神右衛門は目立たないが立派な奉公をしていると、勝茂公もつねづね思っておいでになられたそうだが、そうした気質はきっと子孫の上にあらわれ、御家のお役に立つことになるであろう」と止められ、名前も松亀とおつけくだされた。そして父の親友であった枝吉利左衛門から、はじめて袴を着ける袴着の儀式を祝うように申され、九歳より光茂公の小僧として召し出され、不携という名をいただいた。

……その後、十三歳のときに「前髪を立てるように」と光茂公からの仰せがあったので、一年ほど家に引きこもって準備をし、次の年の五月一日にお城に出仕し、市十と名を改め、御小姓役を勤めた。そうするうち、御歌書役倉永利兵衛が烏帽子親となって元服し、権之丞と名のり、御書物役手伝を仰せつけられたが、利兵衛がつい余計なとりなしをして、「権之丞は和歌もよくつくり、若殿様からもときどきお召しがあるほどです」と申し上げたところ、かえってそれが差し支えたのか、しばらくお役をはなれることとなった。

……このことがあって後、江戸へもお供せず、ぶらぶらしているうち、たいへん気がふさいできて、不安になってきた。そのころ松瀬に湛然和尚が住んでいた……ときどきそこに出かけていたが、そのときは僧侶になろうかとも思ったものだ。

そういう私の様子を親類の山本五郎左衛門が見て、先代神右衛門の加増地を私に分け与えようか、と一門の総帥の中野数馬に相談したそうだ。私は神に誓っても受けとるまいと考えていたが、ちょうどそのころ、請役所に呼び出され、新たに扶持米をいただくことになった。

そこで、こうなった以上は、小身者と他人から見下されるようでは無念だと考え、どうすれば気持ちよく奉公ができるだろうかと、日夜考え抜いていた。

……奉公における究極の忠義とは、主君に諫言し国家を治めることである。下のほうでぐずぐずしているだけでは、結局たいした役に立つことはできない。だからこそ、家老になるのが奉公の究極なのである。自分のための名利ではなく、奉公のための名利を思うことだと思いいたって以来、私も「ならば一度でも家老になってみせよう」と覚悟を決めたのだ。もっとも、あまり早い出世は、昔から好ましいものではないから、五十歳ごろから出世しようと決意し、一日じゅうその工夫や修行に骨を折り、紅涙とまでは言わないが黄色い涙くらいは出たほどであった。この間の工夫や修行が、すなわち「角蔵流」である。ところが殿がお亡くなりになったときに、ふだん偉そうにしていた者たちが、臆病風を吹かし、世間の評判を落としたため、私もこのように俗世から離れることになった。

家老になれなかった、という意味では本意を遂げることはできなかったかもしれない。しかし、実質としては、しっかりと本意を遂げることができたということは、これまで話したとおりである。思い立てば、望みは叶うものなのである。

……このような身の上話をするのは、まことに高慢かもしれないが、量りしれない不思議の因縁で、山家での閑談ゆえ遠慮もなしに、あるがままを話したのである。

その翌朝、次の二句を得た。

手ごなしの粥に極めよ冬籠り　（常朝）

朝顔の枯れ蔓燃ゆる庵かな　（陣基）

（二ノ一四〇）

文庫版あとがき

この度、拙著『葉隠 超入門』が文庫化されました。

この本が出版されたのは、二〇一一年のことです。いまこの「文庫版あとがき」を書いている現在から見て、十年近く前。結構昔ですね。

実際、みなさんも読んだ「まえがき」の中に、『葉隠』について「いまで言う『ツンデレ』の魅力」などという言い回しがあり、著者もこれを読みながら「懐かしいなあ」と感じたところです。

ただ、この本の伝えたかった『葉隠』の内容、常朝のメッセージは、一切古びていません。当たり前ですね。江戸時代から読み継がれてきた古典の内容が、たかだか十年経過したぐらいで古びるはずがないのです。

むしろ、本書を読み返してみて思うのは、いまこそ『葉隠』が必要なんじゃないか、ということです。

急に話題を変えて恐縮ですが（ちゃんと「いまこそ『葉隠』が必要なんじゃないか」という前文とつながるので大丈夫です）、この『葉隠 超入門』は、著者にとっても非常に思い出深い本です。

というのも、この本を書いた二〇一一年が、みなさんお気づきのように東日本の震災のあった年だったからです。

たしか、あの地震が起きたのは、第1章の原稿が書き終わり、担当編集者の方にメールで送って、ソファーで休んでいたときでした。著者は震源地からはある程度離れたところにいたので、大きな被害はありませんでしたが、それでも外の電線が上下に激しく揺れて、たわんでいた光景を覚えています。

その後、被災地の惨状を各メディアで知るにつけ、つらい気持ちになり、そんな気持ちをベースにもちながら、心のどこかで「読んだ人の一人でも前向きな気持ちになれば」などと大それたことを考えつつ原稿を書き進めていき、出来上がったのが、この本なのです。

そして、この文庫版の「あとがき」を書いている今年二〇二〇年は、図らずもコロナの年。

震災の年に出版されたこの本が、コロナの年に文庫化されることになったわけです。もちろん、偶然という言葉で片づけることもできるでしょう。

ただ、著者としては、あらゆる理屈を超えて、「狂」の精神状態で、この文庫版『葉隠 超入門』を世に送り出すことにしました。つまり、この本が、あのタイミングで出版され、このタイミングで文庫化されたのは、『葉隠』が非常時にこそ読まれるべき古典だからなのです。

仮に、常朝のもとに、コロナに見舞われ弱った我々が相談に行けば、現代向きに言葉遣いをかみ砕いて（そういう気遣いのできる人です）、きっとこう言うはず。

〈武士たる者、疫病くらいでしょげ返っているようではいけない。そんなものがなんだというのだ。ただ信念さえもてばいい。そうすれば、あとは突き進むのみだ。それが幸せへの道なのだ。そんなの無茶苦茶だと？　無茶苦茶だからどうした。いいから狂って生きてみろ！〉

不本意な状況に置かれ、うつむいてしまった人を奮い立たせるのに必要なのは、結局のところ、緻密な論理なんかより、闇雲な熱量です。その意味で、論理を超えた熱量の塊である山本常朝の『葉隠』は、絶対に、今、必要な古典なのです。
本書の文庫化をきっかけに、『葉隠』と、そこで説かれる生きるための哲学が、さらに注目されることを期待してやみません。

二〇二〇年十月

市川スガノ

＊本書は二〇一一年に当社より刊行した著作を文庫化したものです。

草思社文庫

葉隠 超入門

2020年12月８日　第１刷発行

著　　者　市川 スガノ

発 行 者　藤田 博

発 行 所　株式会社 草思社

〒160-0022　東京都新宿区新宿1-10-1
電話　03(4580)7680(編集)
　　　03(4580)7676(営業)
　　　http://www.soshisha.com/

本文組版　有限会社 一企画

本文印刷　株式会社 三陽社

付物印刷　株式会社 暁印刷

製 本 所　加藤製本 株式会社

本体表紙デザイン　間村俊一

ISBN978-4-7942-2485-9　Printed in Japan

草思社文庫既刊

佚斎樗山　高橋有＝訳・解説
新釈 猫の妙術
武道哲学が教える「人生の達人」への道

江戸中期に書かれた剣術指南書でありながら、人生の秘密をも解き明かす幻の古典『猫の妙術』。剣聖・山岡鉄舟も愛読した武道哲学書の奥義が、現代風の「新釈＋解説」のわかりやすい紹介でいま甦る！

高橋健太郎
鬼谷子
中国史上最強の策謀術

異端の書として名高い中国古典『鬼谷子』は、孫子に兵法を授けたとされる鬼谷の思想をまとめた書である。時には道徳すら武器として用いて、強者を思いのままに動かす、その恐るべき技術をひもとく。

宮本武蔵　大倉隆二＝訳・校訂
決定版 五輪書 現代語訳

最も古く、最もオリジナルに近い、福岡藩吉田家伝来の書を底本にした、原典に忠実な「五輪書」の決定版。剣豪・宮本武蔵の兵法の奥義と哲学が、時代を超えて現代によみがえる。

草思社文庫既刊

小林信也
宇城憲治師に学ぶ心技体の鍛え方

伝統的な武術の発想、実践法でスポーツのみならず、現実のあらゆる局面で、内面の力を最大限に発揮することができる。六百年の伝統をもつ古伝空手、宇城師範の明快で深遠な教えの数々がここにある。

野口武彦
異形の維新史

戊辰戦争で官軍に襲われた貴婦人の哀しい性「軍師の奥方」、岩倉使節団の船内で起きた猥褻事件を伊藤博文が裁く「船中裁判」、悪女高橋お伝の「名器伝説」など七編。維新の知られざる暗部を描く傑作読み物。

山岡淳一郎
勝海舟 歴史を動かす交渉力

西郷隆盛との交渉に成功した江戸無血開城を筆頭に、日本の大転換点において、つねに時代の大局を見据えつつ歴史の歯車を動かした勝海舟のドラマチックな軌跡。その辣腕の交渉力が、いまこそ求められている。